Wie der Golfball fliegen lernte

Steven J.H. van Hengel

Wie der Golfball fliegen lernte

F.O. KLESS-BÖKER

Deutsche Bearbeitung:
Jutta Hein, 2000 Hamburg

Druck:
Gebrüder Giehrl Druckerei GmbH
8000 München 46

ISBN 3-922606-08-3

Inhaltsverzeichnis

Ausschnitt aus einem Gemälde von Hendrick Avercamp (1585-1634), Gemälde-Galerie, Dresden

Vorwort

Wie bei jedem anderen war mein Verstand einst dem Prozeß herkömmlicher Erziehung unterworfen. Für eine Reihe von Lehrern, Paukern, Lektoren und Tutoren muß es ein frustrierendes Geschäft gewesen sein, mühsam Wissen auf diesem dürren, unfruchtbaren Boden zu säen.

In der Zwischenzeit sind diese Sträucher des Wissens, die so schmerzvoll aufgezogen wurden, ausgetrocknet. Integralrechnung und andere Formen der Mathematik verwelkten sofort. Latein wurde von den Raupen gefressen. Geschichte und Geographie fielen dem Frost zum Opfer. Mein Verstand wurde ein Dürregebiet, verseucht vom Unkraut belanglosen Wissens, das aus den Abfällen der Erfahrung wuchs. Nur eine Pflanze aus den 15 Jahren zwangsweiser Erziehung hat überlebt. Das ist eine beiläufige Bemerkung meines Jura-Tutors: „Das Geheimnis eines guten Juristen ist es nicht, das Gesetz zu kennen, sondern zu wissen, wo man es nachschlagen kann." Das leuchtete mir als bewundernswerte Lebensphilosophie ein.

Als auf Golf spezialisierter Autor habe ich mir eine umfangreiche Bibliothek von Büchern, Zeitschriften und Zeitungsausschnitten zugelegt. Der Inhalt ist katalogisiert und in ein Verzeichnis aufgenommen. Deshalb bin ich ein Experte. Allerdings nicht ganz. Das Gesamtwissen über das Golfspiel wurde noch nicht festgehalten, um die Pose des Experten beibehalten zu können, brauche ich deshalb Zugang zu wirklichen Experten, zu Leuten, die etwas über Golf wissen. Auf dem Gebiet des frühen Golfspiels in den niederländischen Provinzen, und das heißt eben des frühen Golfspiels, egal, wie sich die nationalbewußten Schotten auch drehen und wenden, ist Steven van Hengel die höchste Autorität. Wie alle guten Historiker hat er die Seele eines Detektivs. Wenn bei seinen Forschungen ein Hinweis auftaucht, prüft er ihn mit wissenschaftlichem Argwohn. Er riecht daran, hält ihn gegen das Licht, klopft ihn mit einem Bleistift ab und prüft ihn mit der Zungenspitze. Wie oft hat er schon Hinweise als falsch erkannt. Ein Teil seiner interessantesten und wertvollsten Arbeit ist es, daß er die Unrichtigkeit von „Tatsachen" bewiesen hat, die wir Karteikarten-Experten als Ecksteine in der Geschichte des Golfspiels angesehen haben. Aber wenn ein Hinweis nun nicht das ist, was er scheint, was bedeutet er denn dann? Der Detektiv hat seinen Wink, und die Jagd geht los; sie führt tief in mittelalterliche Archive, und jeder Punkt wird geprüft und gegengeprüft. Dieser Prozeß kann Jahre dauern, in der Folge werden die richtigen Tatsachen festgestellt, und das Urteil wird ex cathedra verkündet. Jede Tatsache mit dem Zeichen „S v H" ist garantiert geprüft und ist nicht vermischt mit Herumraterei und Spekulation. Sie können sich deshalb sicher gut vorstellen, was für ein Segen es für einen Experten wie mich ist, daß ich an seinem Wissen teilhaben kann. Nun schenkt er durch dieses Buch sein Lebenswerk der Öffentlichkeit. Ich hoffe nur, daß es ein vorläufiger Band ist. Denn eins ist sicher: Der Detektiv wird seine Suche nach der Wahrheit des Golfspiels nie aufgeben.

Peter Dobereiner
August 1982

Studie von Colfern und
anderen, ca. 1550 Lambert
Lombard (1505-1566) Feder-
zeichnung 19,8 × 28,9 cm
Inv. Nr. 2138 Musée de l'Art
Wallone Lüttich (Die Skizze
kann aus seiner Antwerpener
Zeit stammen)

8

Einleitung

Der Titel dieses Buches ist nicht leichtfertig gewählt worden. Es heißt
nicht „Das früheste Golfspiel" oder „Die Ursprünge des Golfspiels",
weil es einfach unwahrscheinlich ist, daß der genaue Zeitpunkt des Ur-
sprungs je entdeckt wird. Meine ersten Veröffentlichungen unter diesem Titel vor zehn Jahren haben einige Aufregungen verursacht. Man
war sich nicht bewußt, daß konsequentes Forschen so viele Tatsachen
über das frühe Golfspiel zutage fördern würde. Bis dahin mußten die
Leser mit den paar Fakten auskommen, die man zur Zeit Königin
Victorias herausgefunden hatte und die die Autoren der Zeit angeregt
hatten zu den phantastischsten Geschichten. Sie führten sogar zu der
Erfindung eines Spiels in den niederländischen Provinzen namens
„Het kolven", das in der beschriebenen Form nie existierte. Und was
Schottland angeht, so entstand die Legende, daß das Spiel entstand, als
Schäfer mit ihren Stöcken Steine in Kaninchenlöcher schlugen. Merk-
würdigerweise gab es Schäfer, die mit ihren Stöcken Steine schlugen,
aber nicht in Schottland, sondern in Westdeutschland. Die Jagdgesetze
in Dreeich be Frankfurt besagten 1338, daß die ortsansässigen Schäfer
Weiderecht in den Wäldern hatten, soweit sie einen Stein mit einem
Schlag treiben konnten. Die Länge dieser „drives" wurde durch feste
Steine, die „Hirtensteine" markiert. Einige findet man noch heute in
der Nähe des Frankfurter Golfclubs. In der Einleitung zu meinem ersten Artikel über frühes Golfspiel schrieb ich, daß das Zusammen-
stückeln der frühen Geschichte eher dem Zusammensetzen eines Puzz-
les gleicht, bei dem einige Stücke fehlen.
Die Forschung ging weiter, und in den letzten zehn Jahren wurden einige der fehlenden Stücke gefunden.
Ich habe mir keine Mühe gegeben, die Frühgeschichte des Spiels mit
noch früheren persischen, ägyptischen, griechischen, römischen Spielen
oder mit „Cambuca" zusammenzubringen. Das wäre reine Spekulation. Selbst wenn diese Spiele mit einem Schläger und einem Ball gespielt wurden, können sie ebensogut die Vorläufer von Hockey oder
Polo gewesen sein.
Ich habe nicht nur in den niederländischen Provinzen, sondern auch in
Schottland und England nachgeforscht. Anerkennung gebührt Ian
Henderson und David Stirk für ihre Leistung. Man kann alles in ihren
Büchern „Golf in the Making" und „Royal Blackheath" nachlesen.
Wer dieses Buch hier und die beiden genannten besitzt, verfügt über
alle bekannten historischen Tatsachen zum Golfspiel. Betrachtet man,
wieviel Arbeit in die Forschung auf beiden Seiten der Nordsee gesteckt
wurde, dann ist es unwahrscheinlich, daß viel mehr als das jetzt Vorliegende gefunden wird. Diese Zeilen basieren auf umfassenden Nachforschungen. Dennoch sollte man die Forschung von 7000 Stunden nicht
als erschöpfend betrachten.
Es ist enttäuschend, daß alle Arbeit in Schottland nicht mehr Fakten

über das Spiel namens „Goff" zutage gebracht hat. Man weiß nur wenig mehr, als daß es mit irgendeinem Schläger und irgendeinem Ball gespielt wurde. Man kann mit ziemlicher Sicherheit annehmen, daß es dem hier beschriebenen „Colf" sehr ähnlich war.

Dank für die freundschaftliche Hilfe, die der Schreiber von vielen Besitzern und Aufzeichnungen und von Eigentümern von Bildern und Drucken erhalten hat. Ohne ihre großzügige Hilfe hätte ich dieses Buch nicht schreiben können. Ich hoffe, der Leser hat Spaß bei der Lektüre über die Enthusiasten, die vor 700 Jahren und danach den Grundstein legten für das, was — heute — der verbreitetste Sport der Welt ist.

S.J.H. van Hengel
Bentfeld, Juli 1982

1

Das Colf-Spiel

Selten in der Geschichte der Menschheit wurde von so vielen Leuten soviel über so wenig Tatsachen geschrieben wie über die Geschichte des Golfspiels in den niederländischen Provinzen. Es gibt inzwischen rund 4500 Bücher über das Spiel. Die meisten fangen mit irgendeiner Geschichte an; in praktisch allen liest man etwas über Golf in Holland in den Anfängen. Wenn es nicht irgendwo abgeschrieben wurde, basieren die meisten dieser Schriften auf sehr wenigen Tatsachen und auf einigen der bekannten Bilder. Manchmal werden aus der einen oder der anderen Tatsache die wildesten Schlußfolgerungen gezogen. Mit der Zeit hat das zu der Theorie geführt, daß es etwas wie „Het Kolven" gegeben haben muß, und der Begriff hat ein Eigenleben entwickelt.

Sehr wenige Autoren brachten den Mut auf, gründlicher nachzuforschen. Für die englischsprachigen Autoren gab es das Sprachproblem, und selbst wenn es das nicht gäbe, ist die Suche nach Tatsachen nicht einfach. Um so mehr Dank gebührt dem verstorbenen J. A. Brongers der bis zu seinem Tod 1954 wichtige Forschungen betrieb. Wo er aufhörte, wurde weitergesucht, und inzwischen gibt es ein einigermaßen klares Bild. Wir unterteilen die Geschichte des Golfspiels in drei Kategorien: In die Geschichte des langen Spiels, das in den niederländischen Provinzen zwischen 1300 und 1700 gespielt wurde, künftig COLF genannt; in die Geschichte des kurzen Spiels, das sich ab 1700 daraus entwickelte und bis heute in Holland gespielt wird, KOLF; und schließlich in das, was sich irgendwann um 1450 in Schottland entwickelte und heute auf der ganzen Welt gespielt wird, GOLF.

In alten Aufzeichnungen findet man selten etwas über die Entwicklung einer Sportart. Zum Glück hatten die Stadt- und Landräte jedoch nicht viel für das Spiel übrig, weil die Spieler Schaden anrichteten. Der Hauptgrund liegt in den damals gebräuchlichen Bällen. Die Holz- und Lederbälle der frühen Jahre wichen leicht von der beabsichtigten Flugbahn ab; das Ergebnis waren zerbrochene Fensterscheiben in Häusern und Kirchen, Verletzungen bei Passanten usw. Mit großem Eifer gingen die Behörden daran, die begeisterten Spieler, die ihr Spiel nicht aufgeben wollten, aus den Städten heraus in die Umgebung zu bringen, wo die Möglichkeit von Unglücksfällen klei-

ner war. Die Spieler genossen tatsächlich in einigen Fällen einen gewissen Schutz, wenn sie außerhalb spielten. Dank vieler amtlicher Verordnungen (die Quellenangabe am Ende des Buches ist nur eine Auswahl) können wir das Spiel und seine Entwicklung aufzeigen, soweit städtische Verordnungen erlassen wurden. Das bringt uns an den Beginn des 14. Jahrhunderts, denn vorher gab es derartige Verordnungen kaum.

Zum Glück war das Spiel auch für viele Künstler des 16. und 17. Jahrhunderts attraktiv, sogar früher schon, und das Studium vieler Kunstwerke aus der Zeit hat brauchbare Angaben geliefert. Schließlich wurde die Forschung auf andere Quellen ausgedehnt. Aufzeichnungen der Gilden, soweit noch an sie heranzukommen war, stellten sich als weitere nützliche Quelle heraus, vor allem in Verbindung mit der Herstellung von Spielmaterial. Straßennamen, Namenssteine an Häusern, Kacheln und viele andere Kunstgegenstände lieferten mehr Informationen. Noch zwei Bemerkungen: Bei der Suche nach den Ursprüngen irgendeiner Sache sollte man sich auf die Tatsachen konzentrieren, die zur Verfügung stehen. Viele Bücher mit Verordnungen sind verschwunden, und es kann gut sein, daß das Spiel irgendwo schon früher, als hier bewiesen werden kann, gespielt wurde. In anderen Fällen ist das Problem kleiner. Wenn das Spiel in einer Reihe von Verordnungen am selben Ort über einen bestimmten Zeitraum auftaucht und vergleichbare frühere Verordnungen es nicht erwähnen, kann man mit ziemlicher Sicherheit annehmen, daß es dort nicht vor dem ersten nachweisbaren Datum gespielt wurde. Colf wird hier nur als Spiel erwähnt, wenn es schriftliche oder bildliche Beweise dafür gibt.

Wie wir später sehen, ist Colf zweifellos eine frühe Form von Golf. Mittelalterliche Rechtschreibung ist alles andere als einheitlich. In den Aufzeichnungen findet man: spel metten colve, den bal mitter colven te slaen, colven, kolven, colffen, colfslaen, colt te speelen, cloten mitter colve, doen mit colven usw.

Die vorliegende Darstellung beruht auf Nachforschungen in vier Nationalarchiven, 46 städtischen Archiven, zehn anderen öffentlichen und privaten Sammlungen und Bibliotheken 55 öffentlichen und privaten Sammlungen von Bildern und Drucken (zu Hause und im Ausland) und einem ziemlichen Umfang an Literatur. Der Autor erhebt nicht den Anspruch, seine Arbeit vollkommen getan zu haben.

2

Die niederländischen Provinzen und Schottland

Niemand weiß, wer das Spiel erfand, es ist unwahrscheinlich, daß dieses Rätsel je gelöst wird. Um die Antwort zu finden, müßte man das erste Spiel und die Menschen, die es erfunden haben, entdecken. Die einfache Tatsache, daß man keine Aufzeichnungen oder Bilder aus einer bestimmten Zeit oder einer bestimmten Gegend hat, ist in sich noch kein Beweis dafür, daß das Spiel nicht gespielt wurde.

Bleiben wir bei den Aufzeichnungen und Bildern: Sie sind östlich der Nordsee entschieden älter und zahlreicher als westlich (s. Abb. 1 und 2). Soweit es um Bilder geht — das erste Bild mit Golfern in Schottland stammt aus dem Jahr 1746. In den niederländischen Provinzen gibt es über 450 frühere Bilder, etwa seit 1500.

Lassen Sie es mich noch einmal sagen, für einen kritischen Historiker ist dies kein Argument für oder gegen einen Standpunkt. Schriftliche Nachweise gibt es in Schottland seit 1457, in den niederländischen Provinzen seit ungefähr 1360. In der Region gibt es zahlreiche frühe Hinweise. Wenn wir uns Karten zur frühen Entwicklung des Spiels ansehen, stellt man merkwürdigerweise fest, daß alle Orte, wo in Schottland Golf gespielt wurde, auf der Seite liegen, die den niederländischen Provinzen näher ist.

Tatsächlich erreichte das Golfspiel die Westküste Schottlands erst um 1850. Auch waren alle schottischen Spielorte Häfen, die Handel mit den niederländischen Provinzen trieben.

Eines ist jedenfalls sicher. Es gab beachtliche Kontakte zwischen Spielern der beiden Gebiete. Ab 1485, vielleicht schon früher, bis weit ins 17. Jahrhundert hinein gab es Massenexport von Bällen von Holland und Seeland nach Schottland, während um 1650 herum schottische Holzschläger nach Holland exportiert und dort auch benutzt wurden. Regelmäßige Kontake zwischen beiden Ländern schufen viele Möglichkeiten zum Austausch.

Die Beziehungen zwischen Schottland und den niederländischen Provinzen waren glücklich und von langer Dauer. Nie in der langen, turbulenten Geschichte Europas hat es zwischen ihnen Krieg gegeben. Die ältesten holländischen Abgesandten in Schottland müssen die Fischer gewesen sein. Mit ihren Segelschiffen folgten sie im Spätsommer und im Frühherbst den Heringsschwärmen entlang der britischen Ostküste. Sie kamen hinauf bis zu den Shetland- und Orkney-Inseln, wo alte holländische Friedhöfe von den Gefahren des Heringsfangs zeugen. Ein Teil ihres Fangs wurde in Schottland verkauft. Es mag wenig bekannt sein, daß die Königswappen von Schottland und Holland bis heute identisch sind: roter Löwe und goldenes Feld.

Es gibt eine Reihe von Beziehungen zwischen den Herrscherhäusern beiderseits der Nordsee.*

Seit dem Mittelalter gibt es auch eine stetige Entwicklung des Nordseehandels. Holländische Kaufleute kamen regelmäßig in schottische Häfen, und die Schotten besuchten alle Häfen in Holland und Seeland. Sehr früh besuchten sie auch die beiden jährlichen Märkte zu Ostern und zu Allerheiligen (der „kalte Markt") in Bergen op Zoom. Der Export von Golfbällen von dort nach Schottland soll später erwähnt werden. Westlich der Nordsee gab es den Senzie-Markt in St. Andrews in der Grafschaft Fife. Schon vor 1350 bis 1581 wurde dieser Markt zwei Wochen im April abgehalten. Seinen Höhepunkt als Handelsplatz hatte er um 1451. Er fand auf dem Grund der Priorei statt, vermutlich nahe beim Haus des Sub-Priors, dem Senzie-Haus.

Im 12. Jahrhundert kamen zu diesem Markt viele Kaufleute aus den Niederlanden, Frankreich, Norwegen und anderen Handelszentren. Sie verkauften dort ihre Waren, und im Hafen lagen 200 bis 300 Schiffe aus diesen Ländern.

Da St. Andrews kein königlicher, sondern ein bischöflicher Flecken war, wurden leider keine Aufzeichnungen über Zölle und Steuern gemacht.

Es bleibt ein Rätsel, ob Bälle aus Brabant auf dem Markt verkauft wurden. Ab 1400 gab es die Möglichkeit.

Am 18. Oktober 1578 wurde ein bemerkenswerter Vertrag zwischen der holländischen Stadt Veere und dem Königreich Schottland geschlossen. Damit wurde der schottische Wollmarkt in Veere eingerichtet, und dort ansässige schottische Händler erhielten Privilegien.

Ein „Konservator" (heute wäre das ein Generalkonsul) wurde in Veere ernannt, um sich um die Interessen der schottischen Händler zu kümmern. Händler aus Veere in Schottland wurden zuerst 1471 erwähnt, aber sie müssen schon früher hinübergesegelt sein. Diplomatische Beziehungen zwischen Schottland und der „Republik der Vereinigten sechs (später sieben) Provinzen der Niederlande" pflegten der königlich-schottische Gesandte in Den Haag und der „Agent" der Republik in Edinburgh seit etwa 1580.

Nicht nur der Handel ging in beide Richtungen: Von 1574 bis 1826 dienten schottische Söldner in bemerkenswerter Zahl in der Armee der Republik. Das führte zu vielen Ehen mit niederländischen Frauen. Heiratsregister, soweit es sie noch gibt, verzeichnen zwischen 1574 und 1665 rund 4800 Eheschließungen dieser Art. Eine in der Woche! Auf dem Gemälde von Adriaen van de Velde von 1668, das heute in der National Gallery in London hängt, sieht man zwei Schotten in Kilts auf dem Eis nördlich von Haarlem Colf spielen.

Sie waren vermutlich zwei solche Händler.

*1162 wurde Ada, die Schwester von König Wilhelm „der Löwe" von Schottland (1143—1214) getraut mit Florian III., Herzog von Holland (1140—1190). Es war eine glückliche Ehe, bis Florian beim Kreuzzug im Heiligen Land 1190 starb. Ada überlebte ihn um mindestens 15 Jahre: Sie starb nach 1205. Ihre Ehe hatte seltsame Folgen.

Als Wilhelms letzte Nachkommin in direkter Linie, Margaret, „die Maid aus Norwegen", 1290 starb, kamen für die schottischen Thronfolge Seitenlinien in Frage. Der damals regierende Florian V., Herzog von Holland (1256—1296), konnte wegen seiner Ur-Ur-Großmutter Anspruch auf den schottischen Thron erheben, und er tat es auch. Ebenso erhoben John Balliol und Robert Bruce Ansprüche, aber sie hatten weniger Anrechte. Edward I. von England favorisierte John Balliol. 1296 wurde Florian V. ermordet, im selben Jahr starb John Balliol, und so wurde nach einem erbitterten Kampf mit Edward I. Robert Bruce schließlich König von Schottland.

So kam es zu dem Zeitpunkt noch nicht zu einer Personalunion zwischen den Ländern.

Als sein erster Sohn und Kronprinz Henry Frederick Stuart (1594—1611) geboren wurde, lud der schottische König Jakob I. (1566—1625) die junge „Republik der Vereinigten sechs Provinzen der Niederlande" ein, die Patenschaft zu übernehmen. Zu der Taufe am 9. September 1594 kam eine Gesandtschaft unter der Leitung von Walraven, Graf von Brederode, Vianen usw., Präsident der niederländischen Provinzen und einer der letzten (unehelichen) Nachkommen des Königshauses. Die Geschenke für das Kind zeigen herzliche Beziehungen:

1. zwei große Goldbecher;
2. eine goldene Kassette mit einem Brief, der dem jungen Mann eine lebenslange Jahrespension von 5000 Gulden zusagte (eine wahrhaft prinzliche Summe). Das Geld sollte an den schottischen „Konservator" in Veere gezahlt werden;
3. verschiedene andere Geschenke;
4. ein Porträt, das ein holländischer Maler von ihm anfertigen sollte. Er war unter den Abgesandten und extra deswegen mitgebracht worden. Maler waren in Schottland zu der Zeit vollkommen unbekannt.

Henry Frederick starb 1611 im Alter von 17 Jahren.

Maria, Tochter des englischen Königs Karl I. (1600—1649), heiratete 1641 Wilhelm II., Prinz von Oranien und Statthalter der Niederlande, als sie 10 und er 15 Jahre alt war. 1650 gebar Maria einen Sohn, Wilhelm III. (1650—1702). 1677 heiratete Wilhelm III., Prinz von Oranien, Maria II. Stuart, die älteste Tochter von Jakob II. (1633—1701).

Als Folge dieser Heirat war er Prinz Wilhelm III. von Oranien, Statthalter der Niederlande, Wilhelm II., König von Schottland, und Wilhelm III., König von England.

So kam es für die kurze Zeitspanne von 13 Jahren zu einer Personalunion zwischen Schottland und den niederländischen Provinzen, nachdem eine Gelegenheit am Ende des 13. Jahrhunderts verpaßt worden war.

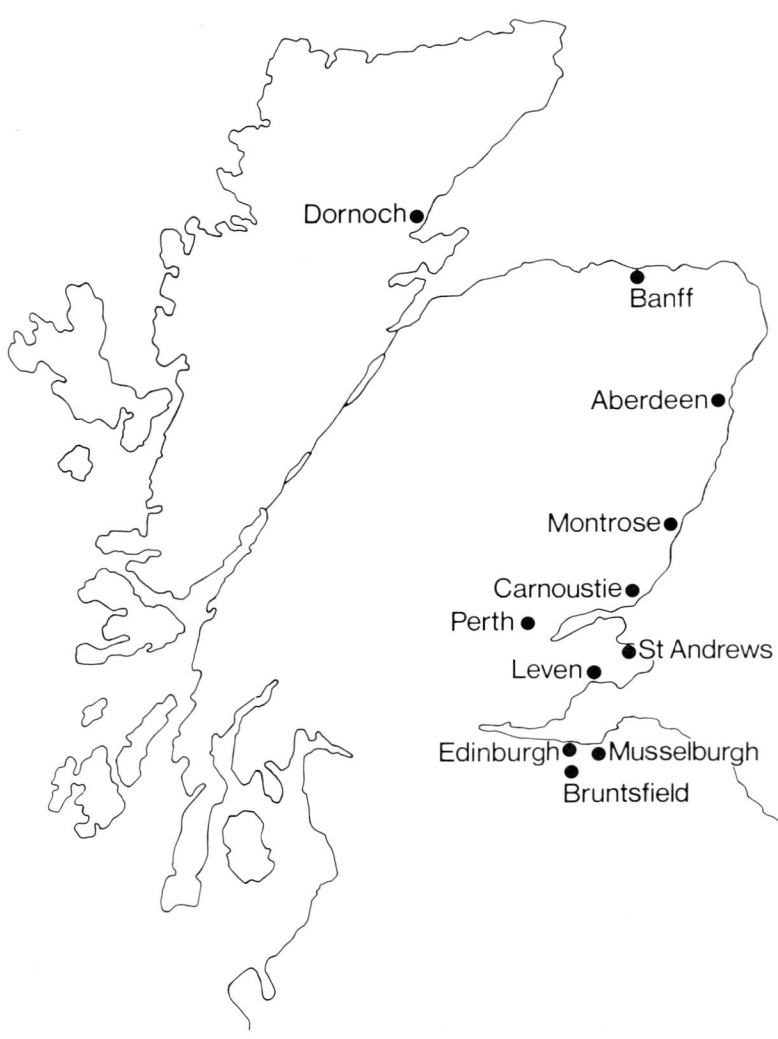

Dornoch●

Banff
●

Aberdeen●

Montrose●

Carnoustie●

Perth ●

●St Andrews

Leven●

Edinburgh● ●Musselburgh

Bruntsfield

2 Plätze in den niederländischen Provinzen, wo
Colf vor 1700 gespielt
wurde (mit Angabe des
ersten Jahres)

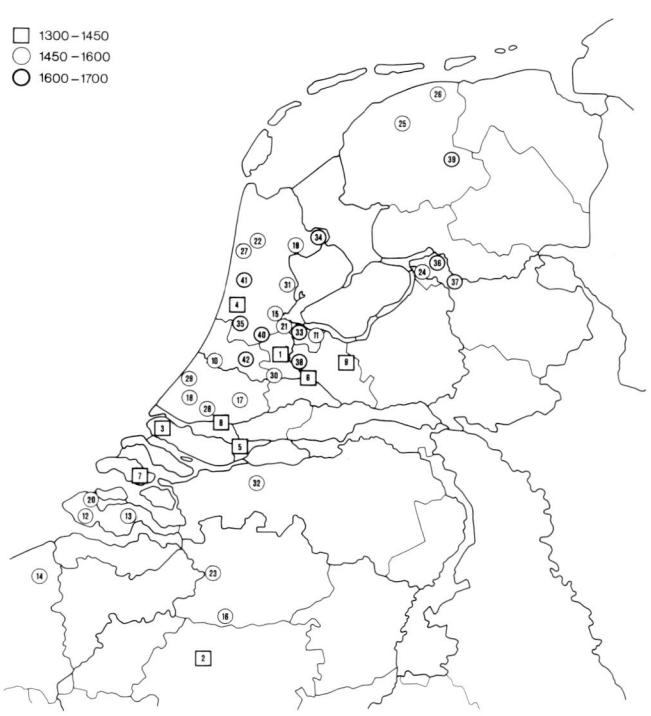

1	1297 Loenen aan de Vecht	24	1561 Kampen
2	1360 Brüssel	25	1566 Leeuwarden
3	1387 Brielle	26	1571 Dokkum
4	1390 Haarlem	27	ca. 1580 Egmond
5	1401 Dordrecht	28	1581 Schiedam
6	1401 Utrecht	29	1583 's-Gravenhage
7	1429 Zierikzee	30	1583 Woerden
8	1431 Rotterdam	31	ca. 1590 Edam
9	1436 Amersfoort	32	1595 Breda
10	1455 Leyden	33	1606 Muiderberg
11	1456 Naarden	34	1612 Enkhuizen
12	1461 Middelburg	35	1625 Haarlemmermeer
13	ca. 1469 Goes	36	1634 IJsselmuiden
14	1477 Brugge	37	ca. 1640 Zwolle
15	1480 Amsterdam	38	ca. 1650 Oud Zuilen
16	1481 Mechelen	39	1654 Beesterzwaag
17	1488 Gouda	40	1659 Ouderkerk aan de Amstel
18	ca. 1500 Delft		
19	1531 Hoorn	41	1659 Fort Orange en het dorp Beverwijck, Nieuw Nederland (Albany, N.Y., USA)
20	1548 Veere		
21	1550 Muiden		
22	ca. 1550 Alkmaar		
23	1553 Antwerpen	42	ca. 1660 Nieuwkoop

3

Ursprung

Viel ist über den Ursprung des Spiels geschrieben worden. Bevor wir uns damit beschäftigen, wollen wir eine Definition dessen versuchen, was als Vorläufer betrachtet werden kann.

Golf ist ein Spiel, bei dem ein Spieler, der parallel zur Spiellinie steht, einen Ball mit einem Schläger schlägt:

a) um die geringste Schlagzahl von einem Punkt zu einem anderen zu erzielen; oder

b) um die größte Weite bei einer festgelegten Anzahl von Schlägen zu erreichen.

Sobald wir diese Definition erweitern, würden viele Spiele ohne klare Beziehung zum Golf dazukommen. Wir sollten das Spiel als ein langes Spiel definieren (Entfernungen von 100 Metern und mehr). Wenn wir das Spiel so definieren, können wir uns verabschieden von allen Vermutungen über persische, ägyptische, griechische, römische und andere Spiele, die oft versuchsweise in die Diskussion gebracht werden. Sie könnten genausogut Vorläufer von Hockey, Polo oder Lacrosse sein. In Wirklichkeit gibt es nur zwei ältere Spiele, die als Vorläufer angesehen werden können: ,,Mail" (Palle-maille) und ,,Chole" (auch Choule à la crosse und Crosse, was nicht mit Lacrosse verwechselt werden darf).

Bei Mail geht es darum, einen hölzernen Ball mit einem Schlagholz wie beim Golf und beim Colf zu schlagen.

Es existierte in verschiedenen Formen im Mittelalter. Die raffinierteste Form mit 58 Regeln hatte ihren Höhepunkt im 17. Jahrhundert in Frankreich, in den niederländischen Provinzen und in England. Bis zum zweiten Weltkrieg wurde es noch in der Gegend von Montpellier gespielt.

Chole ist ein Feldspiel, bei dem ein Holzball mit einem Schläger gespielt wird, der einen löffelähnlichen Eisenkopf hat. Eine amtliche Verordnung aus Leyden im Jahr 1455 spricht vom ,,Schlagen mit Löffeln" (smacken mit lepelen) (60). Im Herbst und Winter wird es heute noch in Südbelgien an der französischen Grenze gespielt. Die Regeln sind ziemlich anders als bei Golf und Colf. Vermutlich hat sich Colf entwickelt, indem man die Chole-Schläger benutzte und einige Regeln von Mail, besonders von ,,Mail à la chicane", nahm. Ein solches Vermischen

von Spielen und Regeln war üblich. Es gibt genügend Beweise, daß auf den vier Mail-Plätzen, die in Holland im 17. Jahrhundert gebaut wurden (Den Haag, Amsterdam, Leyden, Utrecht), oft Colf gespielt wurde. Am Ende dieses Jahrhunderts war der verkürzte Mail-Platz tatsächlich die Grundlage für den späteren Kolf-Platz. Amtliche Verordnungen in Antwerpen beziehen sich 1537 und 1613 auf Colf und Mail am selben Ort (14 und 15).

Schließlich sollte noch ,,Kaats" (Handtennis, jeu de paume) erwähnt werden. Dieses Spiel, das heute nur noch in Friesland, Belgien und Südfrankreich gespielt wird, war einst in allen niederländischen Provinzen und in Frankreich außerordentlich populär. In den meisten amtlichen Verordnungen wird es zusammen mit Colf erwähnt. Es hatte dieselben unerfreulichen Folgen für die öffentliche Ordnung und Sicherheit.

Colf wurde anfangs mit Holzbällen (Ulme und Buche) gespielt, und die wurden bis ins 17. Jahrhundert hinein benutzt. Sogar 1642 werden sie noch in einer Verordnung in Antwerpen erwähnt (16), und man sieht sie auch noch auf Bildern aus der Zeit. Soweit bekannt ist, benutzten Kaats-Spieler nie Holzbälle. Sie waren zu hart und hätten leicht die Hände der Spieler verletzen können, die mit ungeschützten Handflächen schlugen (und schlagen). Sehr früh schon benutzten sie weiße, mit Kuhhaar ausgestopfte Lederbälle, wie sie heute noch benutzt werden. Zieht man in Betracht, daß Kaats und Colf oft auf demselben Gelände gespielt wurden, ist es keine zu wilde Spekulation, daß die Colfer den weißen Ball der benachbarten Kaats-Spieler übernahmen. Die ersten Ballhersteller sind auch im Zusammenhang mit Kaats erwähnt (72).

Vergleicht man einen heutigen Kaats-Ball mit den Colfbällen des 16. und 17. Jahrhunderts, bemerkt man, daß sie auf dieselbe Weise zusammengesetzt sind. Experimente mit Schlägernachbildungen der Zeit um 1600 und mit Bällen dieser Art haben ergeben, daß sie besser die Linie halten als die Holzbälle. Sie waren sehr viel teurer, und so haben die Colfer die Kaats-Bälle nur übernommen, soweit sie es sich leisten konnten. Ein Bild aus einem Stundenbuch aus dem Jahr 1500, das jetzt im Britischen Museum ist, zeigt einen Vierer mit drei braunen Bällen und einem weißen. Die Übernahme der Kaats-Bälle muß also schon eher stattgefunden haben.

Die Anfänge des Colf: 13. Jahrhundert

Aller Wahrscheinlichkeit nach fand das erste nachweisbare Colf-Spiel am zweiten Weihnachtsfeiertag 1297 in Loenen aan de Vecht in der Provinz Nordholland statt.

Dies war zugleich ein historischer und ein symbolischer Anfang. Im nahen Muiderberg war Florian V., Graf von Holland und Seeland, am 26. Juni ermordet worden. Viel wurde über dieses Ereignis geschrieben. Der Hauptverantwortliche für den Mord oder besser Totschlag (weil es den Vorsatz, der einen Mord ausmacht, damals nicht gab) war ein junger Edelmann, Gerard van Velzen, Lord von Kronenburg (95 und HH und PP). Kronenburg war ein Rittergut, das teilweise mit Loenen aan de Vecht verbunden war, ein solides Fort mit Türmen, das kurz vorher umgebaut worden war und in das sich die Verschwörer nach dem Verbrechen flüchteten.

Was dann kam, wurde nie ganz aufgeklärt. Das Schloß wurde belagert, bis Hunger zur Aufgabe zwang, vermutlich am 16. Dezember des Jahres, genau sechs Monate nach Beginn der Belagerung.

Es heißt, daß Gerard und seine Mittäter vor dem Schloß aufs Rad geflochten wurden, als sie herauskamen. So war der Mord gesühnt, und für die mittelalterliche Justiz war der Fall beendet. Das Colf-Spiel wurde wahrscheinlich begonnen, um an den Triumph der Gerechtigkeit zu erinnern.

Fast 550 Jahre lang, bis 1831, wurde jedes Jahr am zweiten Weihnachtsfeiertag gespielt (K und DD). Dann wurde das Schloß abgerissen, und so verschwand eins der „Löcher". Der Beweis für den Ursprung des Spiels ist dürftig, aber da ist viel mittelalterlicher Symbolismus, der das wettmacht.

Nach heutigen Begriffen würde man das Spiel einen Achter nennen.

Vier Spieler auf jeder Seite schlugen Holzbälle mit Holzschlägern, um mit den wenigsten Schlägen jeweils das „Loch" zu erreichen. Das Spiel begann vor dem Gericht in Loenen, ging weiter in Richtung Osten auf das Schloß Kronenburg zu, zur Küchentür, aus der vermutlich die Belagerten herausgekommen waren. Dort setzte Lord Kronenburg (der Erbe des Haupttäters) ein Faß Bier für die Gewinner des ersten Lochs aus, und für die Zuschauer gab es reichlich Äpfel. Zweifellos eine symbolische Erinnerung an die Belagerung.

Dann verlief das nächste Loch an der Vecht entlang zur Mühle (im Besitz des Schlosses), auch hier wieder zur Tür. Der Müller brauchte nichts zu zahlen. Das dritte Loch verlief von dort zum Schloß Huis te Velde, Gerards zweitem Schloß auf der anderen Seite des Dorfes. Ziel war der vordere Eingang, und wieder bekamen die Gewinner ein Faß Bier und die Zuschauer Äpfel. Das vierte Loch schließlich verlief

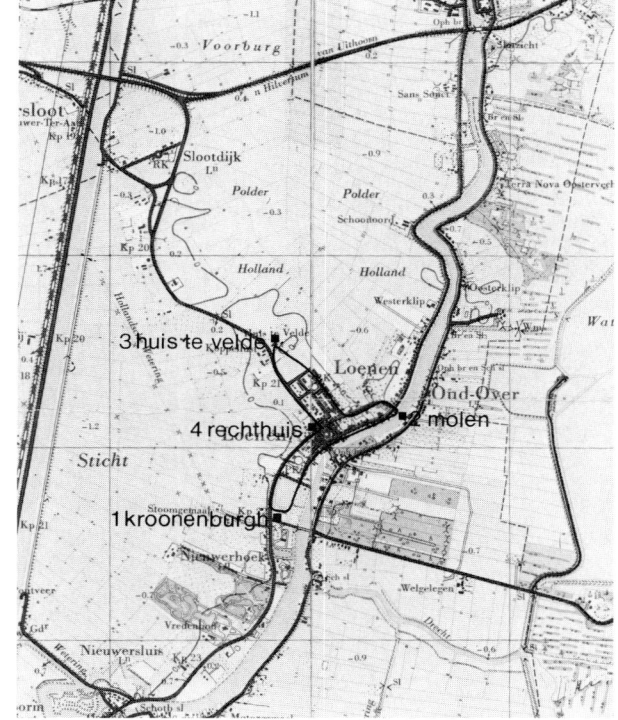

3 Karte von Loenen mit dem Colf-Platz, auf den am 26. Dezember 1297 zum erstenmal gespielt wurde

über die Straße in südliche Richtung nach Loenen zum Portal des Gerichts. Im übrigen mußte der Schloßbesitzer Ersatz leisten für alles, was bei dem Spiel zerbrochen oder beschädigt wurde! (K)
Obwohl der genaue Beweis für den Ursprung dieses Spiels nicht gefunden wurde, schafft der klare Symbolismus, der in der Zeit so wichtig war, eine einigermaßen sichere Basis für das Datum.
Außerdem können wir etwas über die Art des Spiels erfahren. Der Kurs, der bis heute nachvollzogen werden kann, war etwa 4500 Meter lang und hatte vier Löcher. Nach den Ergebnissen von Experimenten, die man mit Holzbällen und Schlägern angestellt hat, war es klar, daß man mit einem guten Schlag ungefähr 100 Meter weit kommen konnte. Nimmt man an, daß die Bälle nicht gleich beim ersten Schlag eingelocht (oder besser „eingetürt") wurden, muß der Score irgendwo zwischen 60 und 70 gelegen haben. Nimmt man an, daß das Spiel kaum vor 1297 angefangen haben kann, aber auch nicht später, denn dann hätte es einen anderen Anlaß gehabt, der damals von größerem Interesse gewesen wäre, scheint die Datierung sicher. Ein Colf-Spiel als Erinnerung an so ein wichtiges Ereignis, das zeigt, daß das Spiel damals schon sehr populär gewesen sein muß.

4 Die älteste Niederschrift über Colf im Verordnungsbuch von Brüssel, 1360 Inv. Nr. A.V.B., A.A., Cartularium II, fol. 215 v Stadtarchiv Brüssel

Das 14. Jahrhundert: Die ersten Urkunden

1360 erläßt der Magistrat der Stadt Brüssel eine Verordnung: ,,Wer mit einem Schläger Ball spielt, den kostet das 20 Schilling oder das Obergewand.'' Kurz und klar! (35) Dies ist der Anfang einer endlosen Reihe von Anordnungen, durch die die Städte in den niederländischen Provinzen versuchten, das Spiel wegen der damit verbundenen Zerstörungen und Beschädigungen aus den Mauern zu verbannen. Die Höhe der Strafe in dieser ersten Anordnung zeigt die Schwere des Vergehens in den Augen des Magistrats. Die Einbehaltung von Kleidungsstücken war unter anderem eine Methode, die Strafgelder zu kassieren. Gegen Zahlung der entsprechenden Summe konnten die Kleider später wieder eingelöst werden. Am Barbaratag (4. Dezember) 1387 besiegelte Albrecht von Bayern, Regent von Holland (für seinen verrückten Bruder Wilhelm V.), eine Urkunde für die Stadt Brielle. Es war eine Verordnung gegen das Wetten in der Stadt (,,jedes Spiel um Geld, wie immer es heißt'') (29).
Immerhin wurden vier Ausnahmen gemacht: Kaats, Backgammon (tagsüber, nachts nicht), den Ball mit einem Schläger spielen (,,den bal mitter den colven te slaen'') außerhalb der Befestigungen der genannten Stadt und Bogenschießen.
Ob diese vier Ausnahmen von der Stadt oder vom Regenten eingefügt waren, weil dieses am Hof von Holland sehr populäre Spiele waren, kann nicht zurückverfolgt werden. Die Herzöge von Holland waren bekannt als Spieler! Wie auch immer, die Urkunde zeigt, daß das Spiel akzeptiert wurde, sogar mit Wetten, solange es außerhalb der Stadtmauern stattfand.
Diese Verordnung ist sogar noch typischer und deutlicher als die frühere aus Brüssel. Das Spiel, das schon viel zu beliebt war, um es noch aufzuhalten,

mußte aus den Städten herausverlegt werden an Plätze, wo die Gefahren der Beschädigung von Personen und Eigentum gering waren. Und es gab Schäden! Viele amtliche Aufzeichnungen sind da sehr deutlich: Straßen wurden blockiert und ehrenwerte Leute verletzt. Wir können nachlesen, daß Fenster eingeschlagen wurden (D), daß Schmutz und Dreck mit den Schlägern an die Gebäude geworfen wurden und daß Passanten auf der Straße im Gesicht, am Körper und an den Beinen getroffen wurden (91 und 92); Wiesen und Getreide wurden beschädigt und Kühe verjagt (66) . . . Und dies ist nur eine kleine Auswahl!
Man begann gleich vor der Haustür eines Spielers. Im 17. Jahrhundert sieht man sogar Kinder, wie sie ihr Spiel in der Eingangshalle beginnen, und niemand scheint sich um den Schaden zu kümmern. Von zerbrochenen Fensterscheiben und Kirchenfenstern hört man am häufigsten (z. B. 84).
Bevor wir Brielle verlassen, lassen Sie mich erwähnen, daß eine breite, lange Straße Kolf-Allee (heute Kaats-Court) hieß und daß es da an einer Ecke eine Gastwirtschaft ,,Der Schläger'' (De Kolf) gab.
Der Wunsch der Behörden, die Colfer aus den Städ-

5 Runde bemalte Glasscheibe in der Kathedrale von Gloucester, England. Aller Wahrscheinlichkeit nach ein französischer ,,Chole''-Spieler, ca. 1350

ten herauszubekommen, ist ganz verständlich.

,,Am 20. Tag im Februar des Jahres 1389 nach der Rechnung unseres Hofes'' (der niederländische Hof rechnete damals die Jahre nach Ostern, für uns heute ist es das Jahr 1390) besiegelte derselbe Albrecht, der kürzlich seinem verrückten Bruder als Regent von Holland nachgefolgt war, eine zweite Urkunde. Er wollte der Stadt Haarlem seine Dankbarkeit für erwiesene Dienste bezeugen.

Er hoffte außerdem, daß man ihm noch mehr Dienste erweisen würde, wie man beim Lesen der Urkunde feststellt (53). Er übergab der Stadt ,,das Gelände'', das man schon benutzt hatte, ,,für alle Ewigkeit''. Es war ein merkwürdig geformtes Stück Land und ist daher in der Urkunde nur schwer zu beschreiben. Es heißt, daß die Schenkung ein Gelände betrifft, ,,das außerhalb des Waldtors in Richtung Wald liegt, so groß und so klein, wie es da heute noch ist''. In gewisser Weise war dies ein moderner Planungsauftrag. Das Gelände war vorgesehen als ,,ein Spielfeld bis in alle Ewigkeit''. Der Begriff ,,Gelände'' (course) wurde in jener Zeit nur in Verbindung mit Kaats und Colf benutzt. Die Benutzung für Colf geht aus einer späteren Urkunde vom 22. August 1497 hervor, die die Mährechte auf dem Gelände betraf und die von Philip dem Schönen von Burgund, damals Graf von Holland, besiegelt war. In Haarlem findet man wenige amtliche Verordnungen gegen das Colfspiel in der Stadt.

Das ist nicht überraschend, wenn man das großartige Gelände betrachtet, das die Colfer gleich hinter den Stadttoren hatten. Am 12. Dezember 1483 hatten die Bürgermeister von Haarlem die Mährechte auf dem Gelände schon an die Gemeindekirche (heute Kathedrale) vergeben, ,,vorausgesetzt, daß trotz dieses Privilegs das Gelände in Übereinstimmung mit der Urkunde als Spielfeld bleibt''. Aus derselben Urkunde geht hervor, daß das Gelände vorher von der städtischen Schützengilde gemäht wurde (54): Dies war die Urkunde mit dem Siegel Philips des Schönen im Jahr 1497 (54).

So stand Haarlem mit seinem gemähten öffentlichen Colfplatz im 15. Jahrhundert einzigartig da. Später, als im 17. Jahrhundert das Spiel noch populärer wurde, wurde ein zweiter Colf-Platz auf der anderen Seite von Haarlem angelegt.

Wenn Haarlem sich heute Stadt des Sports nennt, kann es stolz auf den ersten öffentlichen Golfplatz der Welt zu so einem frühen Zeitpunkt hinweisen.

6 Die älteste Niederschrift über Colf in den nördlichen niederländischen Provinzen. Urkunde der Stadt Brielle, besiegelt von Albrecht von Bayern, Regent von Holland, am 4. Dezember 1387 Stadtarchiv Brielle

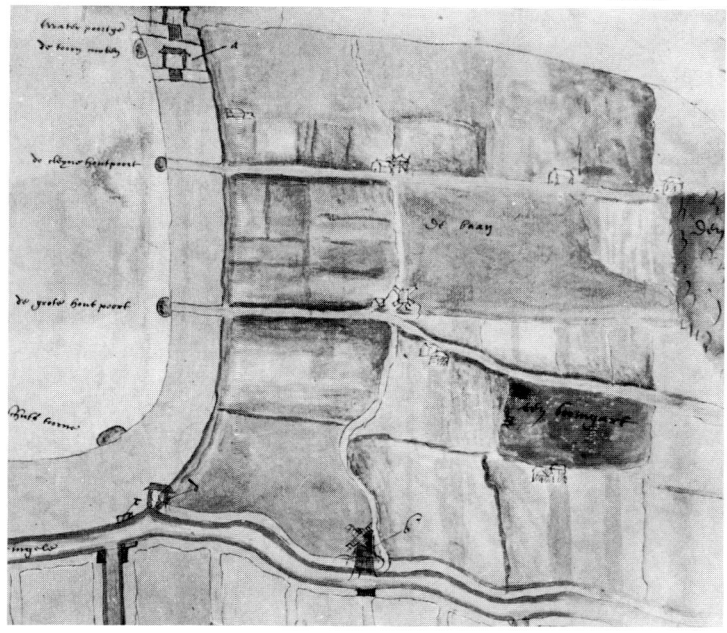

7 Urkunde der Stadt Haarlem, besiegelt von Albrecht von Bayern, Herzog von Holland (1330 bis 1404), am 17. Februar 1390. Pergament, Siegel auf grünem Wachs, 14 × 31 cm Stadtarchiv Haarlem Inv.Nr.A.J.E.,

1—41 Mit dieser Urkunde übergab der Herzog von Holland der Stadt ein Spielfeld im Wald von Haarlem, was als Colf-Platz genutzt werden sollte. Das Feld war etwa 320 m lang

8 Karte des Südwalls der Stadt Haarlem und Umgebung. Hier kann man den Platz (,,de baan'') erkennen, 1542 Feder und Pinsel in Wasserfarben auf Papier, 31 × 42,5 cm, Stadtarchiv Haarlem Inv. Nr. 429-2 Top. Atlas

15. Jahrhundert: Wachstum

Im Verlauf dieses Jahrhunderts finden wir Hinweise auf Colf in nicht weniger als 14 Städten in Holland, Seeland, Utrecht und Flandern. Die Karte (Illustration 2) macht die Bedeutung der Provinz Holland überdeutlich. Nicht weniger als die Hälfte der Städte liegen dort. Die sieben anderen sind so verteilt: drei in Seeland (Middelburg, Zierikzee und Goes), zwei in Flandern (Brügge und Mecheln) und zwei in Utrecht (Utrecht Stadt und Amersfoort). Am 28. September 1401 wurde das Verordnungsbuch der Stadt Dordrecht vollendet. Paragraph 204 läßt wenig Zweifel: ,,Das Spielen von Ballspielen''.

,,In Zukunft soll niemand mehr irgendwelche Ballspiele auf den breiten Straßen der Tor-Seite oder der Land-Seite (die beiden Stadtteile) spielen, noch auf den Kirchhöfen, in den Kirchen und Klöstern. Niemand soll Bälle werfen noch Bälle mit einem Schläger spielen bei Strafe von einem Pfund, das sofort eingezogen wird, wo immer jemand angetroffen wird.''
Wieder geben die Höhe der Strafe und die besonderen Einzelheiten des Verbots einen guten Eindruck von der Begeisterung für das Spiel in Dordrecht (45).
Im selben Jahr finden wir im Verordnungsbuch der Stadt Utrecht den folgenden Absatz:
,,Weiterhin verbietet der Rat . . ., mit einem Schläger oder Tennis (vermutlich Kaats) auf dem Oudwijk-Feld zu spielen.''
Die Stadtväter können mit ihrer Verordnung nicht viel Erfolg gehabt haben, denn drei Jahrhunderte später wurde der Mail-Platz von Utrecht auf demselben Gelände gebaut. Dieser großartige Platz mit seinen Pfaden und Bäumen begeisterte Ludwig XVI. von Frankreich bei seinem Besuch in Utrecht so sehr, daß er voller Bedauern bemerkte, daß er den gesamten Platz nach Paris transportieren würde, wenn es nur ginge (LL).
Eine Verordnung der Stadt Zierikzee von 1429 verfügt, ,,daß niemand den Ball auf den Straßen schlage mit Schlägern mit Blei- oder Eisenköpfen''. Das deutet zum erstenmal an, daß zwei Schlägerarten in Gebrauch waren (101).
In Rotterdam verfügt die Verordnung vom 28. Juli

1431 Schadenersatz bei Beschädigung von bemalten Glasfenstern (84).
Der Rat der Stadt Leyden verbot Colf innerhalb der Stadt am 8. März 1455 (60). Hier wird das Spiel auf Eis zum erstenmal ausdrücklich erwähnt. Für das Spielen in der Nähe von Kirchen und Kirchhöfen wurden die Strafgelder verdoppelt.
Die hohen Herren des Gerichtshofs von Amsterdam bezeichnen in ihrer Verordnung vom 29. Dezember 1480 Colf ziemlich verachtungsvoll als ,,Unfug''. Aber das Spiel ging weiter in der Nes, einer langen, geraden Straße. Spieler spielten dort ,,unter Androhung des Verlustes ihrer Kleidung, die sie trugen'', wenn man sie ergriff (8). Sie wurden nackt auf der Straße zurückgelassen. In anderen Städten gingen die Maßnahmen nicht ganz so weit, aber die Beschlagnahme von Hüten, Mänteln und Jacken war üblich (92). Wenige Jahre später, am 9. Januar 1484, gab Middelburg eine Verordnung zur Disziplin in der Poetengesellschaft (Rederijkers) heraus. Sie hatten die Erlaubnis, in langen Umhängen auf die Straße zu gehen. Aber wenn einer Colf in dem Umhang spielte, sollte dieser beschlagnahmt werden (77).
Auch in Gouda werden 1455 Schläger mit Bleiköpfen erwähnt (49).
1500 wurde das Spiel für Erwachsene (,,Leute, die Herr ihrer selbst sind'') in Delft erlaubt, wenn sie auf freigegebenen Plätzen (keine Einzelheiten dazu) spielten und wenn sichergestellt war, daß die Wetten auf das Spiel nicht den bescheidenen Verzehr in einer Kneipe überstieg entsprechend der sozialen Lage der Spieler (38).
Nach und nach entdeckten die Behörden, daß es klug war, bestimmte Plätze für das Spiel auszuweisen, statt es ganz und gar zu verbieten. In Antwerpen diente der Schloßplatz als Gelände (15), und in Leyden wurde es auf ,,abgegrenzten Gebieten'' erlaubt (60).

9 Seite aus einem flämischen Stundenbuch. Vier Colfer beim Putten mit drei Holz- und einem Lederball und vermutlich mit Eisenschlägern, ca. 1500. Mit freundlicher Genehmigung der British Library, London

KL Septē- | 12 f Octᵃ. mᵃᵘᵉ
ber: | 1 g
xxx. lūa xxx | a Lamberti.
16 f Egidiī: | 9 b
5 g | c
a | 17 d Vigᵃ.
13 b Eleutherū | 6 e Mathei:
2 c | f Maurie.
d | 14 g.
10 e | 3 a
f Natᵗ mᵉ | b Firmini cᵗ.
18 g Adriani; | 11 c
7 a | d Cosmerdā
b | 19 e
15 c Augoīs | 8 f Michaelis
4 d | g. Jeronimi
e Exaltᵗ cruᵗ | pbī.

SCORPIO

Zur selben Zeit finden wir auch Beweise dafür, daß das Spiel verbreitet genug war, daß Handwerker durch die Herstellung von Bällen und Schlägern ihr Auskommen hatten. Am 11. März 1437 beschied der gesetzgebende Rat der Stadt Middelburg, daß „John der Ballmacher", der das Haus „In de Hasert" vom Marquis von Veere gemietet hatte, nicht in den Genuß der Steuerfreiheit kommen sollte, die der Marquis selbst aber hatte (72). Eine Verordnung derselben Stadt vom 22. Dezember 1474 bezüglich der Kaufmanns-Gilden stellt fest, daß Bürger, männlich oder weiblich, die Schläger und Bälle verkaufen, zu dieser Gilde gehören, „wenn sie mehr verkaufen, als er oder sie im eigenen Hause herstellt" (75).

1461 beschloß der Magistrat in Bergen op Zoom, daß auf dem Wochenmarkt „die Ball-Leute mit ihren Bällen" sich entlang des Grebbe-Kanals aufbauen sollten, von der Brücke vor dem Haus des Meisters Arent Goes bis zur öffentlichen Toilette weiter unten. Andernfalls mußten sie 16 Groschen bezahlen.

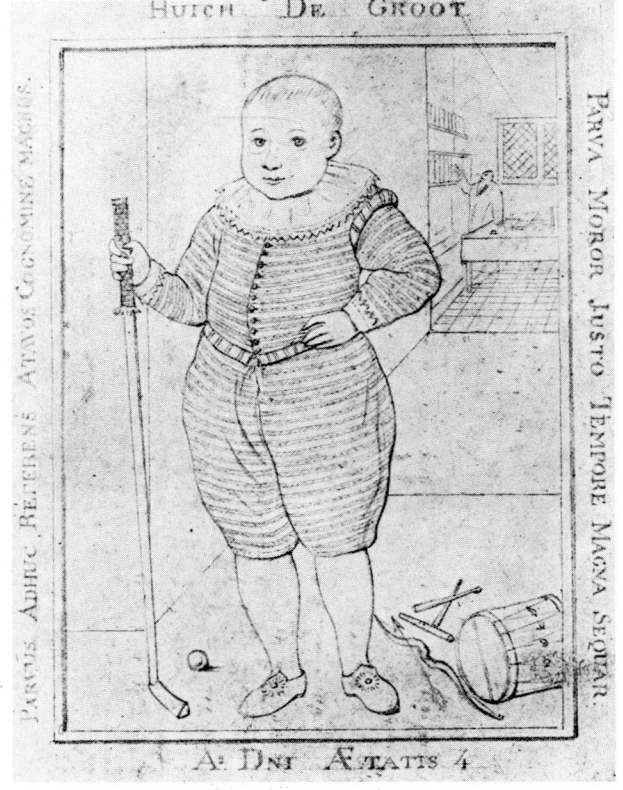

10 Hugo Grotius (1583—1645) im Alter von 4 Jahren mit einem Colf-Schläger aus Blei und einem Lederball, 1587 Bleistiftskizze nach einem verlorengegangenen Gemälde von Jacob Willemsz Delff I. (ca. 1550—1601), Privatsammlung

16. Jahrhundert:
Weiteres Wachstum und Ausbreitung

Zu Beginn dieser Zeit finden wir die ersten Bilder von Colfern. Diese Bemerkung mag Kritik erregen, weil es ja ein Bild von einem Mann, der mit Ball und Schläger spielt, im „Crécy"-Fenster der Kathedrale von Gloucester in England gibt, und das ist früheren Datums.
Obwohl der Mann den Stand und den Griff eines Colfers hat, ist der Ball zu groß und der Schläger zu derb für dieses Spiel. Das Fenster, das von etwa 1350 datiert, ist eine Erinnerung an die Männer aus Gloucester, die in der Schlacht von Crécy (1346) und bei der Belagerung von Calais (1347) fielen. Dieses runde Bild ist eines von vielen aus dem Fenster, die Szenen aus dem Feldzug in Frankreich darstellen. Aller Wahrscheinlichkeit nach zeigt es einen Franzosen, der Chole spielt.
Zurück zu 1500. In dieser Zeit war es üblich, die Stundenbücher, Meßbücher und Breviere hochgestellter Persönlichkeiten mit weltlichen Bildern zu schmücken, oft mit Landschaften und Szenen aus dem täglichen Leben. Bei diesen Bildern finden wir die ersten Colf-Spieler. In dem großartigen Stundenbuch im Britischen Museum, dort „Golf-Buch" genannt, finden wir vier Colf-Spieler in der Nähe eines Lochs. Einer von ihnen puttet kniend.

Das war damals eine beliebte Art des Puttens, und es gibt mehrere Beispiele, daß Spieler so gemalt wurden. Die Colfer im Stundenbuch spielen einen Vierer mit Schlägern mit Eisenköpfen (die Konstruktion der Köpfe macht es unwahrscheinlich, daß sie aus Blei waren). Drei der vier Bälle sind braun (Holz), einer ist weiß (Leder). In anderen religiösen Büchern finden wir ähnliche Szenen.
Gegen Mitte des 16. Jahrhunderts finden wir die ersten Bilder von Colfern im Winter. Man sollte daran denken, daß aus sehr praktischen Gründen meistens von Herbst bis Frühjahr gespielt wurde. Im Sommer waren die Bälle schwer zu finden, da es ja keine gemähten Plätze gab (außer in Haarlem).
Darum gibt es so viele Winter- und Eisbilder. Die Schlußfolgerung, daß Colf nur auf dem Eis gespielt wurde, ist jedoch falsch. In Schottland war Golf in der Frühzeit auch ein Herbst- und Winterspiel. Aus demselben Grund.
Andere Jahreszeiten wurden auch gemalt. Ein unbekannter Maler des Egmont-Schlosses und seiner Umgebung zeigt uns ein paar Colfer im Sommer.
Ende des 16. Jahrhunderts beginnt eine Reihe von Bildern mit hübschen Kindern mit Colf-Schlägern und -Bällen. Das erste, von dem es nur noch eine Bleistiftzeichnung gibt, wurde Jacob Willemsz Delff I. zugeschrieben.
Es zeigt den großen Rechtsgelehrten Hugo Grotius im Alter von 4 Jahren, wie er einen Schläger in der rechten Hand hält und einen Lederball zu Füßen hat (Y). Man fragt sich oft, warum die Personen alle Kinder zwischen 2 und 12 Jahren waren. Zu der Zeit war Krieg in den niederländischen Provinzen, der 80jährige Krieg gegen Spanien. Unter diesen Umständen wäre es für einen Mann kindisch gewesen, sich mit den Geräten eines Spiels malen zu lassen. Man sieht sie immer in der Pose heldenhafter Soldaten oder ernsthafter Kaufleute, die sich um wirtschaftliches Wohlergehen sorgen, was damals genauso wichtig war wie heute. Im Winter führte man nicht Krieg, und da sieht man auch Erwachsene in Schnee und Eis, wie sie ihr geliebtes Colf spielen.

Das 16. Jahrhundert führte zu einer weiteren Verbreitung von Colf. Außerhalb seiner traditionellen Heimatprovinzen finden wir es in Friesland, Leeuwarden und Dokkum (65 und 66) und in Kampen (56). In den alten Gebieten wurde es sogar noch beliebter. Seeleute hatten Anteil an der Verbreitung, und Bilder zeigen, daß Colf direkt neben den Schiffen auf dem Sand gespielt wurde.
Sieht man sich die hunderte von städtischen Verordnungen an, merkt man, daß sie Wiederholungen aus früheren Zeiten mit leichten Veränderungen sind. Einige Städte versuchten neue Methoden, um das Spiel da zu beenden, wo sie es nicht haben wollten. In Veere wurden zusätzlich zu den Strafgeldern auch noch die Schläger beschlagnahmt (97). Nur die Stadt Schiedam hatte eine etwas positivere Haltung. In einer Verordnung von 1550 wurde erlaubt, „auf dem langen Erdwall von der Mühle bis zur Brücke zu spielen". Wenn man dort spielte, durfte es niemand verbieten (87).

11 Maurits de Héraugiéres ►
im Alter von 2 Jahren,
1595 mit einem Bleischlä-
ger und einem Lederball,
Adriaen van der Linde
(?—1609), Öl auf
Leinwand, 85 × 66 cm,
Privatsammlung

12 Junger Mann von 7 Jah-
ren, 1612, unbekannter
Maler, nordholländische
Schule Enkhuizen, Öl auf
Leinwand, 121 × 78 cm,
Stadt Enkhuizen

13 Junger Mann mit Colf-
Schläger, 1615, unbe-
kannter Maler, nordhol-
ländische Schule, Öl auf
Leinwand, 106 × 66 cm
Museum ,,Het Markie-
zenhof'' der Stadt Ber-
gen op Zoom

14 Zwei Kinder, etwa 1635,
    unbekannter Maler aus
    der Umgebung von W.de
    Geest, Öl auf Leinwand,
    33 × 28 cm Kennemer
    Golf & Country Club,
    Zandvoort

Ungefähr in dieser Zeit macht sich die Wirkung der Reformation bemerkbar.

Als der mächtige Abt Hendrick van Kessel aus dem großen St.-Bonifaz-Kloster in Dokkum sich anschickt, den Magistrat der Stadt vor den friesischen Gerichtshof in Leuuwarden zu zerren, weil die Magistratsherren sich „unwillig gezeigt haben'', ihren Bürgern und Seeleuten das Colf-Spiel innerhalb des Klosters zu verbieten, da erreicht 1580 die Reformation Dokkum, und er verliert seine Macht (66). In Schiedam (88) und Woerden (99) wird das Spiel zur Zeit der Gottesdienste verboten. War es früher wegen des Lärms und der Gefahr von Beschädigung in der Nähe von Kirchen verboten, hatte man jetzt das Gefühl, daß es wohl besser sei, wenn die Spieler der Predigt lauschten, statt Colf zu spielen.

Die weitere Verbreitung des Spiels führte zu verstärkter Nachfrage nach Schlägern und Bällen. Um das Jahr 1520 herum erhält die Schlägermacherallee in Leyden ihren Namen (Kolfmakerssteeg), den sie heute noch trägt.

Die Schlägerherstellung in und um Leyden war von da an ein einträgliches Handwerk und führte im nächsten Jahrhundert zur Gründung einer Gilde von Schlägermachern. Noch 1800 trägt ein Haus am Kolfmakerssteeg die folgende Inschrift: „Ehre sei Gott überall, hier verkauft man Schläger und Ball.''

Die Herstellung von Bällen hat in Middelburg, Bergen op Zoom und Steenbergen begonnen, jetzt kommen das Dorf Goirle in Brabant, Delft und Amsterdam als neue Zentren dazu. In Goirle wird der erste Ballmacher in einem Dokument von 1552 erwähnt

(48), aber es muß schon vorher welche gegeben haben. Bis ungefähr 1800 lebte praktisch das ganze Dorf von der Herstellung von Bällen. Die Bewohner von Goirle werden in der Gegend bis heute mit dem Spitznamen „Ballstopfer'' (ballefrutters) belegt. Auf die Methode der Ballherstellung kommen wir bei passender Gelegenheit zurück. Alles was von der Kunst heute noch übriggeblieben ist, sind ein paar Ballmacher in Friesland, die die gleichen Bälle noch nach derselben Methode für die Kaats-Spieler herstellen.

Als Sebastian van Warendorp, ein Armeekommandeur des Herzogs von Parma im spanischen Krieg, 1588 mit einer Armee vor Tilburg nahe bei Goirle auftauchte, nahm er Tilburg ein und forderte als Lösegeld 12 000 Bälle in kürzester Frist. Sonst sollte Tilburg niedergebrannt werden. Die Tilburger machten keine Bälle, aber ihre Nachbarn in Goirle. In ihrer Not wandten sie sich dorthin, und die Leute aus

15 Marie Allegonda van Camstra im Alter von 9 Jahren 1670 mit einem Bleischläger und einem Holzball. Julius de Geest, Öl auf Leinwand, 108 × 87 cm, Privatsammlung. (Die Wappen auf dem Gemälde sind die ihrer Großeltern, von links: van Camstra, Juchema, Aebbinga und van Bronckhorst.)

Goirle sagten ihnen, sie sollten sich keine Sorgen machen. Zur Zahlung der ersten Rate gingen sie durch das Dorf, sammelten alle vorhandenen Bälle ein und kamen mit 6500 zurück!

Man weiß, daß es Lehrlinge gab: 1560 bringt der Ballmacher Frans Peterssen seinen ehemaligen Lehrling vor Gericht, weil der ihm nicht die zwei rheinischen Gulden gezahlt hat, die er ihm für seine Ausbildung geben wollte, während der sein Meister „ihn gewaschen und gelehrt und ihm Suppe gegeben hat" (48).

Es gibt Hinweise, daß Ballmacher aus Goirle nach Rotterdam und Delft gingen, und das kann der Beginn der Ballherstellung dort gewesen sein. Brabant war damals Herrschaftsgebiet der Niederlande, und Zölle machten den Verkauf aus diesem Gebiet in die „Vereinigten Provinzen" alles andere als leicht.

Die Stadtväter von Delft waren mehr besorgt wegen der Umweltverschmutzung.

1586 verfügten sie, daß die Ballmacher das „Haar für die Bälle" nicht mehr in städtischen Gewässern waschen durften, weil es sie „verseucht und zerstört". Um weitere „Unreinlichkeit und Fäulnis" zu verhindern, wurden sie angewiesen, ihr Haar fortan in dem Kanal außerhalb der Stadt zu waschen, in der Nähe des Seuchen-Hospitals, das man unter dem Namen Korstangien kennt. Dort schien es auf die Fäulnis nicht anzukommen. Das Waschen geschah (und geschieht noch), um das Haar von dem Kuhdung zu befreien (40).

In Amsterdam lebten die Ballmacher am Margrietenpfad außerhalb der Stadt, vermutlich aus demselben Grund. Die Ballmacher von Delft taten sich in einer Gilde zusammen: in der St.-Michaels- oder Ballmacher-Gilde. Zu dieser Gilde gehörten auch die Knopfmacher, denn Knöpfe wurden auch mit Haar ausgestopft. Obwohl die Gilde aus dem 17. Jahrhundert datiert, jedenfalls nach den erhaltenen Urkunden, weist ihr Name darauf hin, daß sie aus der Zeit vor der Reformation stammen muß (44).

16 „Sommer", spielende Affen, Justus Sadeler (1583—nach 1620) nach Pieter van der Borcht (1540—1608). Stich, 23,9 × 30 cm, Nationalsammlung von Drucken, Amsterdam (Der Colfball liegt auf einem „Pflock"-Tee.)

8

Das 17. Jahrhundert:
Der Höhepunkt und das Ende

Im Verlauf des 17. Jahrhunderts erreichte das Spiel seinen Höhepunkt. Es wurde an immer mehr Orten gespielt (Illustration 2).
Es ist wohl überflüssig, die Vielzahl der Verordnungen dazu zu erwähnen. Im Register am Ende des Buches ist eine Auswahl aufgestellt.
Die Colf-Begeisterung ging so weit, daß die Spieler ihre Schläger und Bälle mit auf Reisen nahmen. Es gibt eine Federzeichnung von Cornelis Poelenburgh, der damals in Rom war, wohin viele holländische Maler zur Verbesserung ihrer Kenntnisse gingen. Die Zeichnung ist „in Rom, 1622" datiert und zeigt zwei Spieler. Einer ist im rough gelandet, und der andere zeigt ihm eine Linie an.
Wenn man weiß, daß Cornelis zusammen war mit Paul Bril, damals 68, und Bartolomeus Breenbergh, damals 22, dann ist es nicht schwer, Bartolomeus als den Spieler in Schwierigkeiten zu erkennen und Paul Bril als Helfer. Die Ruinen des alten Rom liefern den szenischen Hintergrund. Eine Zeichnung von Gerrit Berckheyde von etwa 1660 zeigt zwei holländische Colfer, die auf dem Markt von Cleve in Deutschland spielen (V).
Das Spiel gelangte sogar über den Atlantik. Der kleine Gerichtshof von Fort Orange und des Dorfs Beverwyck (heute Albany, N. Y.) hielt es für angebracht, 1659 für das Gebiet eine Verordnung zu erlassen, die bei Strafe von 25 Gulden das Colf-Spiel entlang der Straße verbot. Die Gründe — Sie können sie inzwischen erraten — waren Schäden an den Fensterscheiben der Häuser, die Gefahr, Vorübergehende zu verletzen, und das Blockieren der Straße (W).
In der ersten Hälfte des 17. Jahrhunderts begannen verschiedene Städte Mail-Plätze anzulegen (malie-banen). Alles Französische kam in Mode, und so hofften die Behörden vielleicht, daß Mail, das nur auf dem vorgegebenen Platz gespielt werden durfte, an die Stelle des weitläufigen Colf treten würde (was es nicht tat). Die folgenden Plätze wurden angelegt:

1609 Den Haag 1073 m
1637 Leyden 696 m
1637 Utrecht 752 m
1651 Amsterdam 650 m.

Neben dem Mail-Platz in Den Haag gab es auch ein großes Mail-Feld. Dieses Feld, das noch existiert, hatte zwei Bäume als Ziele an der Längsseite.
Ein Mail-Gelände bestand aus einem langen, nicht zu breiten Streifen von ebenem Boden mit niedrigen Brettern an beiden Seiten und einem dekorativen Pfosten an jedem Ende in einiger Entfernung von den Begrenzungsbrettern.
In der Mitte war eine schmale Eisenpforte (archet), durch die der Ball laufen mußte auf seinem Weg von einem Pfosten zum anderen. Das Spiel, das mit Schlaghölzern (Maille) und Holzbällen gespielt wurde, hatte nicht weniger als 58 Regeln, von denen einige den heutigen Golfregeln sehr ähnlich sind (B, C, K, CC, GG und LL). Die Begeisterung für dieses Spiel ist nie sehr groß gewesen.
Warum auch? Colf-Schläger und -Bälle waren damals viel bessere Werkzeuge als die entsprechenden für Mail. Obwohl die Regeln für Mail besonders das Colf-Spiel auf den Plätzen verboten, machten die Behörden bei Übertretungen wohl beide Augen zu (das wenigstens hielt die Colfer aus den Städten heraus!).
In einigen Fällen, wo besondere Colf-Plätze ausgewiesen wurden, gab es andere Hindernisse. In Naarden gab es einen offiziellen Colf-Platz, der im Buch der amtlichen Verordnungen von 1623 erwähnt wird. Aber da es in demselben Buch einen Absatz gibt, der davon spricht, daß Tierkadaver dort begraben werden sollten, kann man gut verstehen, daß die Colfer ihr Vergnügen woanders suchten (81—83).
Einschließlich der Mail-Gelände gab es zu dieser Zeit neun Städte in den niederländischen Provinzen, die eine Art Gelände für Colf zur Verfügung stellten: Antwerpen, Amsterdam, Delft, Haarlem, Den Haag, Leyden, Naarden, Schiedam und Utrecht.
Die steigende Zahl der Spieler führte zu verstärkter Nachfrage nach Schlägern und Bällen. Abgesehen von einem einzelnen Ballmacher in Rotterdam, wurden Bälle immer noch in großer Zahl nur in Goirle, Steenbergen, Bergen op Zoom, Delft und Amsterdam hergestellt. Einen Eindruck vom Produktionsumfang bekommt man aus einigen Aufzeichnungen über den Umsatz. Bergen op Zoom verzeichnete einen Verkauf von 40 000 Bällen zu einem so frühen Zeitpunkt wie 1502 (23). 1631 verzeichneten drei Ballmacher in Goirle den Versand von 17 700 Bällen, die sie und ihre

8

8

17 Winterlandschaft mit einem Colfer, der ins Eis eingebrochen ist. Jacob de Gheyn II (1565—1629). Stich, nach Roelant Saverij, 11,2 × 17,7 cm, Inv. Nr. OB 5718 Nationalsammlung von Drucken, Amsterdam

18 In Rom 1622. Cornelis Poelenburgh (ca. 1586—1677). Ausschnitt aus einer Federzeichnung von 18,7 × 31,15 cm. Inv. Nr. A 24 Nationalsammlung von Drucken, Amsterdam (Die Personen sind vermutlich Bartholomeus Breenbergh, l., und Paul Bril, r., Maler, die mit Poelenburgh in Rom waren.)

19 Zijl-Tor in Haarlem, ca. 1617, Jan van de Velde (1593—1641). Stich, 9,8 × 19,7 cm. Inv. Nr. OB 5720 Nationalsammlung von Drucken, Amsterdam

32

Lehrlinge hergestellt hatten, die ein Spediteur nach Maastricht schaffen sollte, wo sie auf dem Markt verkauft werden sollten (vermutlich für den Export nach Paris (48). In Brabant wurden Bälle von einzelnen Meistern und ihren Lehrlingen hergestellt. In Delft waren die Ballmacher in einer Gilde vereint. Eine Urkunde der Gilde aus dem Jahr 1626 beschränkt die Zahl der Lehrlinge für jeden Ballmacher-Meister auf einen (44). Als die Ballproduktion in Delft bei der Nachfrage nicht ausreichte, wurden durch Verträge Bälle aus Goirle besorgt. Ein Vertrag dieser Art wurde vor dem Verwaltungsbeamten von Tilburg 1669 geschlossen. Zwei Delfter Bürger kauften die Gesamtproduktion der neun Ballmacher aus Goirle für einen Zeitraum von neun Jahren. Der Vertrag enthält viele interessante Einzelheiten. Eine Lehre dauerte in Goirle damals zwei Jahre, in Delft drei (44 und 48). Das Museum von Goirle besitzt zwei Sätze von Ballmacherhandwerkszeug und einige alte Bälle. Den Schlägermachern ist schwerer auf die Spur zu kommen. Es ist sicher, daß die meisten Schläger aus Leyden und Umgebung kamen, wo die Schlägermacher-Meister 1660 eine Gilde gründeten (64). Ihre Schläger waren von dem Typ, der einen Bleikopf am Ende des Schafts hatte. Diese Art Schläger wird schon 1429 erwähnt (101) und war über 250 Jahre in Gebrauch. Es gab auch Schläger mit Eisenköpfen, vermutlich wurden sie von den ortsansässigen Schmieden nach den Bleikopf-Modellen hergestellt. Schließlich wurden Holzschläger aus Schottland importiert (A). Egal, welchen Typ man wählte, man spielte mit nur einem Schläger. Auf keinem der vielen hundert Bilder ist ein Spieler zu sehen, der mehr als einen Schläger hat.

Die Schläger mit Bleikopf, die in Leyden hergestellt und verkauft wurden, mußten den Stempel der Stadt und des Herstellers tragen (64). Es gibt einen Schlägerkopf dieser Art in einer privaten Sammlung in Haarlem. Das Stadtsiegel ist verwischt, aber das des Herstellers ist deutlich der Großbuchstabe „D". Leider hat von den tausenden von Schlägern nicht einer vollständig überlebt. Nur ein paar Schlägerköpfe sind geblieben.

Das Ende des Colf-Spiels: 1700

Und dann, fast genau im Jahr 1700, findet Colf, das über 400 Jahre lang in so weiten Gebieten eine so außergewöhnliche Popularität genoß, ein abruptes Ende.

Keine amtlichen Verordnungen mehr gegen das Spiel, die Mail-Plätze sind geschlossen. Kurz, innerhalb eines Jahres verschwindet es spurlos. Eine Erklärung für dieses Phänomen ist nicht leicht zu finden. Sozialhistoriker wie der berühmte Le Francq van Berkhey (H) fanden keine. Auch der unbekannte Autor von „Ein Traktat über Kolf" aus den Jahren 1769 und 1792 (F und G) nicht. Im 19. Jahrhundert schreibt Jan ter Gouw (P) das Ende dem verweichlichteren, feineren Lebensstil zu und dem steigenden Interesse an Spielen in geschlossenen Räumen wie Billard und ähnliches. Viele Sportarten verschwanden. Die Kleidung im 18. Jahrhundert war in der Tat feiner als früher, und es ist nicht zu leugnen, daß man bei einem guten Colf-Spiel ganz schön schmutzig werden konnte. So müssen wir das also so hinnehmen.

Es ist in der Tat ein Wunder, daß Golf, heute der verbreitetste Sport in der Welt, das 18. Jahrhundert überhaupt überlebt hat. Im Gegensatz zu dem, was man früher allgemein annahm, haben neuere Forschungen in Schottland ergeben, daß Golf nie sehr populär war, bevor es 1848 den Guttapercha-Gummiball gab (UU). Tatsächlich erreichte es die schottische Westküste nicht vor 1850. Hätte es nicht die wenigen Golfvereinigungen gegeben, allesamt Freimaurer, die das Spiel für ein gutes Training hielten, bevor sie sich zu ihren umfangreichen Mahlzeiten setzten (zu keiner Zeit zwischen 1750 und 1850 gab es mehr als 500 Spieler), dann gäbe es heute kein Golf.

Am Ende dieses Abschnitts ist es gut, die Fakten über Colf und seine Geräte zusammenzufassen.

20 Winterlandschaft nach
Jan van de Velde
(1593—1641 ?). Teller
aus Delfter Porzellan,
Durchmesser 21 cm. Inv.
Nr. EV 130 C Königliche
Museen für Kunst und
Geschichte, Brüssel

21 Schüssel mit Randmoti-
ven nach Jan van de Vel-
de (1593—1641). Colf-
Spieler links oben, 1633.
Silber graviert, Durch-
messer 29,8 cm. Inv.
Nr. MBZ 205 Museum
Boymans van Beuningen,
Rotterdam

22 Blick auf Ouderkerk aan
de Amstel im Winter mit
Colf-Spielern auf dem
Fluß Amstel, 1659. Jan
Abrahamsz. van Beer-
straten (1622—1666). Öl
auf Leinwand, 95 × 132,5 cm.
Inv. Nr. A 7450
Historisches Museum,
Amsterdam

23 Blick auf einen Kanal im
Winter. Aert van der
Neer (1603—1677). Öl
auf Leinwand, 35 × 47 cm.
Inv. Nr. NK 2494
Nationalsammlung Den
Haag, Leihgabe an das
Museum ,,Het Cathari-
nagasthuis'' der Stadt
Gouda

25 Silberschale, den Winter
darstellend, mit einem
Colf-Spieler mit Ball und
Schläger, 1627.
Adam van Vianen
(1569—1627). Silber ver-
goldet, Höhe 17 cm,
Durchmesser 18,5 cm.
Inv. Nr. 19505 Centraal
Museum Utrecht

24 Colfer auf dem Eis, ca.
1640. Gerard ter Borch
jr. (1617—1681). Zeich-
nung, 16,5 × 20,8 cm.
Inv. Nr. A 794. National-
sammlung von Drucken,
Amsterdam. (Der putten-
de Spieler hat seinen Hut
abgenommen und unter
das Knie gelegt wegen
der Kälte.)

26a Namensstein, etwa 161
▼   an der Front eines Hau
    ses an der Groote Oost
    und am Schoolsteg,
    Hoorn

26b Namensstein, 1641, an
    der Vorderseite des Hau
    ses ,,de Kolf'' (der
    Golfclub) am Oude La
    gedijk 7, Delft

27 Der See von Haarlem
1625. Simon Fokke
(1712—1784) nach
Hendrick Avercamp
(1585—1634). Stich,
20 × 30 cm. Historische
Sport-Sammlung, J.A.
Brongers Museum Flehite,
Amersfoort

28 Winterlandschaft.
Hendrick Avercamp
(1585—1634). Feder und
Wasserfarbe,
17,6 × 30,3 cm. Teylers
Museum, Haarlem Inv.
Nr. Ox 7. Der Spieler be-
nutzt einen schottischen
Langschläger

37

29 Winterlandschaft.
(Junger Colfer wird vom
Schlitten überfahren.)
Philips Wouwerman
(1619—1688). Öl auf
Leinwand, 35 × 47 cm.
Southeby's, London, Juli
1981

30 Winterlandschaft.
    Aert van der Neer
    (1603—1677). Öl auf
    Leinwand. Christie's
    London, Mai 1978

32d Spätes 18. bis 19. Jahrhundert

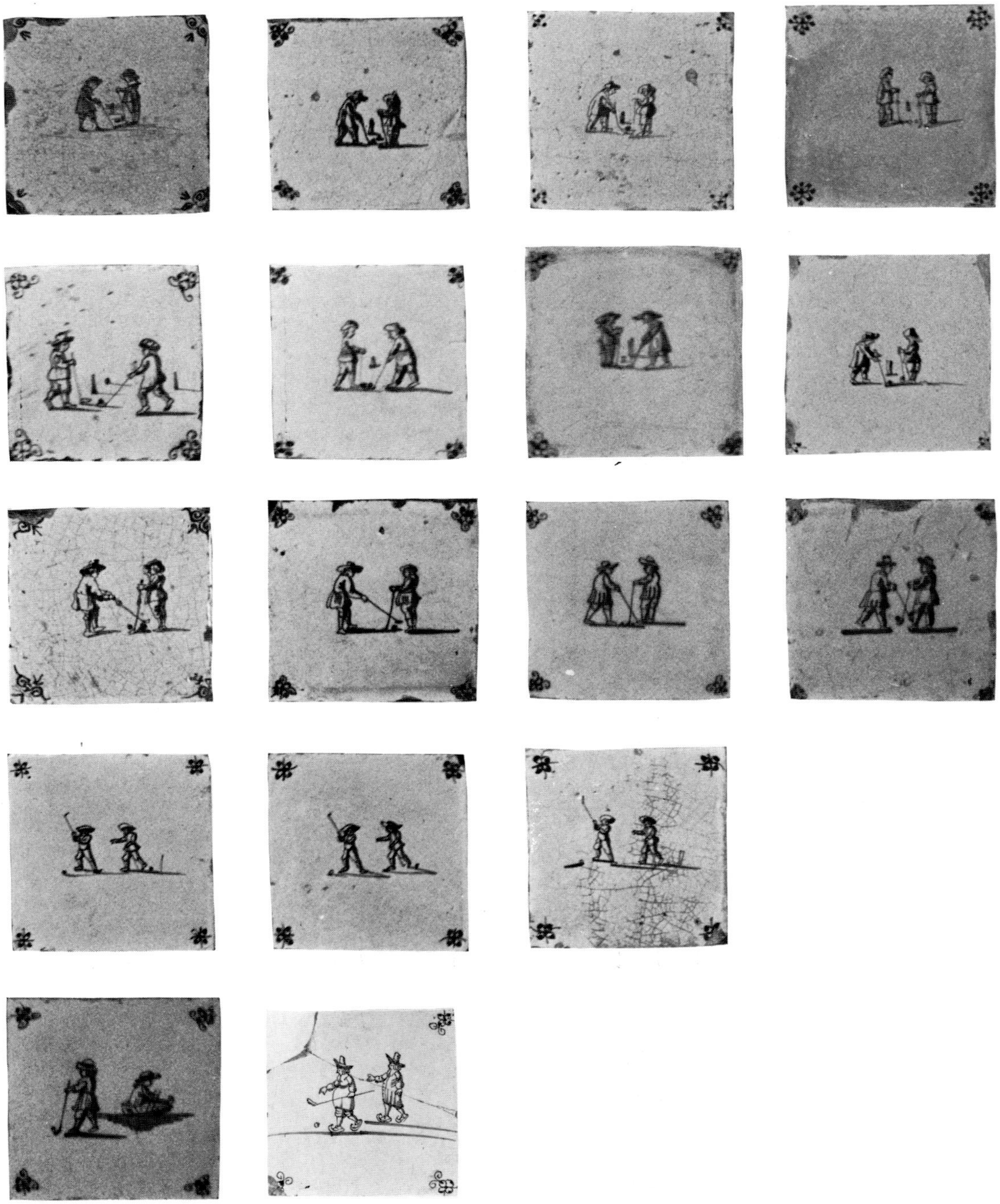

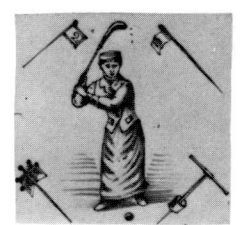

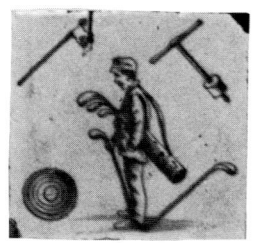

34 Eine St.-Nicolas-Feier ca. 1670 (Ausschnitt). Jan Steen (1625—1679), Öl auf Leinwand, 58,5 × 49 cm. Inv. Nr. 1826 Museum Boymans-van Beuningen, Rotterdam (Der junge Mann zeigt stolz den hölzernen Colfschläger und den Lederball (mit Herstellermarke), die er gerade bekommen hat.)

35 „Der Kolf-Spieler''. Obwohl diese Radierung unter diesem Titel überall bekannt ist, spielt der Spieler in Wirklichkeit ein anderes Spiel namens „Beugelen'', was mit Colf nichts zu tun hatte. 1654. Rembrandt (1606—1669). Radierung, 9,5 × 14,3 cm. Inv. Nr. B 125/1. Nationalgalerie Amsterdam

33a Winterlandschaft, 1668
    Adriaen van de Velde
    (1635—1672). Öl auf
    Leinwand, 30,4 × 36,4
    cm. Mit freundlicher Ge-
    nehmigung der National
    Gallery, London (Die
    Szene zeigt einen Blick
    von Spaardam aus auf
    Haarlem. Die beiden
    Colfer auf dem Eis sind
    Schotten und müssen
    Söldner gewesen sein.)

33c Steingutplatte, etwa ►
    1800, 54 × 45 cm. Privat-
    sammlung (Die Szene ist
    eine seitenverkehrte Re-
    produktion von 33a)

33b „Die Freuden des
    Winters", etwa 1760,
    Jacques Aliamet
    (1726—1788). Stich,
    31 × 37 cm (nach einem
    Gemälde von A. van de
    Velde, s. 33a). Der Stich
    entstand wie man sieht
    nach dem Gemälde und
    zeigt die Szene seitenver-
    kehrt. Die Drucktechnik
    wurde von Philippe Le
    Bas entwickelt, dessen
    Schüler Aliamet war.
    Privatsammlung

46

36 Ein Colfer mit Bleischlä-
▼ ger auf dem Eis, etwa
1700. Romeyn de Hoo-
ghe (1645—1708). Stich,
16 × 11,8 cm. Inv. Nr.
A 8711. Nationalsamm-
lung von Drucken,
Amsterdam

37 Der Schläger, 1712. Jan
▼ Luyken (1649—1712).
Stich, 15,5 × 9 cm. Pri-
vatsammlung. (Das Bild
stammt aus dem Buch
,,Man's Commencement,
Middle and End''. Ein
Ball auf einem Schnee-
berg augeteet ist zu er-
kennen.)

38 Feuer an der Leidsche-
    gracht in Amsterdam,
    etwa 1690. Jan van der
    Heyden (1637—1712).
    Stich, 32 × 24,5 cm.
    Inv. Nr. FM 2301/16.
    Nationalsammlung von
    Drucken, Amsterdam

48

40 Wappen der Familie van Balveren (unten) und der Stadt Wamel (oben). Das Stadtwappen wurde aus dem Familienwappen entwickelt

39 Das Wappen von Anthoni Klick (,,Cleek'') auf der Orgel in der Kirche von Culemborg. Klick, der aus Hoorn kam, war Organist in Leerdam und anderen Orten der Gegend. Die Inschrift datiert die Malerei auf der Orgel in Culemborg mit dem 26. September 1720

Anthoni Klick, Organist tot Leerdam, heeft dit Orgel geschildert. A° 1720. 9/26

9

Die Art des Colf-Spiels

Ein Abschnitt aus dem Gedicht „'s Amsterdammers Winter" (Der Winter des Amsterdamer Bürgers) aus J. Six van Chandeliers Buch „Poesie" von 1657 ist sehr aufschlußreich. In deutsche Prosa übertragen heißt er so:

„Der Golfer zieht seine Eissporen fest und sucht einen festen Platz auf dem er stehen kann, denn rutschiges Eis ohne Schnee macht sich lustig und treibt seine Späße mit den weichen Sohlen. Wenn die Seiten gewählt sind, stellt er sich fest hin und schlägt mit seinem Escheschläger mit Blei oder mit seinem langen schottischen Schläger aus Buchsbaum, drei Finger breit und Blei darin, nach dem Federball, der nach seinem Fall vom Abschlagpunkt aus unsichtbar ist, aber von jedem Balljungen (Fore-caddie) bemerkt wird. Beim Weitercolfen trifft er einen Pfosten und strebt Schlag für Schlag dem weitesten oder dem vereinbarten Ziel oder einem Krug Bier in der Kneipe zu; und er kerbt die Schläge in einen schlanken Zweig ein, den ein jeder vorn an seinem Mantel trägt. Wer dieses Kerbholz nicht beachtet, wird disqualifiziert."

Hieraus und aus der Betrachtung von rund 500 Bildern können die folgenden Tatsachen zusammengetragen werden:

Das Colf-Spiel

Das Spiel bestand darin, einen Ball mit einem Schläger über eine weite Strecke zu treiben. Es gab zwei Spielarten: Loch für Loch mit den wenigsten Schlägen (Loch-Wettspiel) oder das Erreichen der weitesten Entfernungen mit einer festgesetzten Anzahl von Schlägen (Flaggenspiel).

Es gab Einzelspiele, Vierer, Vierball, sogar Achter, wie man auf vielen Bildern sehen kann.

Handicaps

Handicaps in Form von Vorgabe einer bestimmten Anzahl von Schlägen wurden vor Spielbeginn vereinbart.

Löcher

Die Löcher waren Löcher im Boden (schon um 1500) oder ein kleiner, manchmal geschmückter Pfosten,
ein Baum, eine Tür. Im Winter auf dem Eis diente manchmal ein eingefrorenes Boot als Loch oder irgendwas anderes, was man für passend hielt, wie man auf Bildern sehen kann.

Score

Gezählt wurde mit einem Kerbholz, das der Spieler bei sich trug (s. Text von Chandelier).

Regeln

Wer nicht richtig zählte, wurde disqualifiziert (s. Text von Chandelier).

Schläger

Vier Arten von Schlägern waren im Gebrauch, nur einer pro Spieler.

A. Ein ziemlich derber Schläger ganz aus Holz in der Frühzeit.

B. Seit mindestens 1429 Schläger mit schmiedeeisernem Kopf.

C. Schläger aus Esche oder Haselnuß mit Bleiköpfen seit mindestens 1429; später wurden diese oft mit den Stempeln der Städte und der Schlägermacher versehen.

D. Schottische Schläger: Schläger, die seit etwa 1625 aus Schottland importiert wurden, mit Holzköpfen. Die Köpfe waren aus Buchsbaum und mit Blei beschwert drei Finger breit oberhalb des Schlägerkopfes und einen Finger breit über der Trefferfläche. (Schläger, die Hugh Philip und andere in der ersten Hälfte des 19. Jahrhunderts herstellten, hatten immer noch diese Besonderheit.) Spieler mit schottischen Langschlägern sieht man auf einigen Gemälden von Hendrick Averkamp, selbst Colfer, die aus den Jahren zwischen 1625 und 1630 stammen (Illustrationen 27 und 28).

Bälle

Die frühesten Bälle waren aus Holz, Ulme und Buchsbaum. Da sie billiger waren als die späteren Arten, blieben diese Bälle aus Holz bis weit ins 17. Jahrhundert hinein beliebt. Sie werden noch 1642 in einer Verordnung in Antwerpen erwähnt (16). Weiße Lederbälle aus Schafshaut und mit Kuhhaar gestopft wurden ab ungefähr 1425 hergestellt und schon vor 1461 auf dem Wochenmarkt von Bergen

41 Zwei Schläger für Chole (auch Choulette oder Crosse), 20. Jahrhundert. Escheschaft und schmiedeeiserne Köpfe. Länge 102 cm, Gewicht 550 und 540 Gramm. Privatsammlung. Diese Schläger hatten, wie die Mail-Schläger, einen doppelten Sinn. Die Seite des Kopfes konnte für Drives und zum Putten benutzt werden, das vordere Ende zum Hochschlagen (wie hier gezeigt). Einer der Schläger ist für Linkshänder, der andere für Rechtshänder. Diese Art Schläger wird beim „Crosse" — dem früheren Chole — noch benutzt in der Nähe von Mons in Belgien. Die Form stammt aus dem Mittelalter

42 Nachbildung eines Mail-Schlägers mit passendem Ball, 2. Hälfte 17. Jahrhundert. Schläger: Haselnußschaft mit Walnußkopf mit Messing verstärkt. Ball: Ulme. Länge des Schlägers 107 cm, Gewicht 410 Gramm, Balldurchmesser 5 cm, Gewicht 65 Gramm. Privatsammlung. Der Schlägerkopf konnte auf beiden Seiten benutzt werden, die eine für Drives und zum Putten, die andere zum Hochschlagen. Schläger und Ball haben hier Durchschnittsgewicht, schwerere und leichtere wurden auch hergestellt

op Zoom verkauft. Ursprünglich wurden sie für das Kaats-Spiel hergestellt, aber von den Colfern übernommen und auch benutzt, und zwar vor 1500. Die erste nachweisbare Verschiffung dieser Bälle nach Schottland fand im Jahr 1486 statt, als ein gewisser „Ritsaert Clays" (Richard Clay?) nach dem „Kalten Markt" (dem der beiden Jahrmärkte, der um Allerheiligen herum stattfand) bei der Zollstation von Bergen op Zoom sechs Groschen Zoll bezahlte für den Export eines Fasses voller Bälle mit einem Schiff, das Per Bolle gehörte (BB). Im Frühjahr darauf, nach dem Ostermarkt, bezahlte „Jan Berke" (John Berwick?), der als „Mann von Thomas Wynant" bezeichnet wird, ebenfalls 16 Groschen für den Export von zwei großen Fässern mit Bällen. Obwohl die Zoll-Register unvollständig sind, findet man weitere Exporte von Bällen nach Schottland; 1494: 6 Fässer, 1495: 2 Fässer, 1496: 5 Fässer.
Bei der Änderung der Zölle in Seeland durch Karl V: im Jahr 1519 wurde der Zoll auf einen Groschen für ein kleines Faß festgesetzt (BB).

Dies müssen die Transaktionen gewesen sein, auf die Jakob VI. von Schottland sich 1618 bezieht, als er feststellt, daß „eine kleine Menge von Gold und Silber aus dem Königreich herausgebracht wird, um Golfbälle zu kaufen" (RR). Eine vorsichtige Schätzung der Jahresproduktion dieser Art von Bällen zwischen 1500 und 1600 müßte für Kaats und Colf zusammen bei 500 000 liegen.
Vier verschiedene Methoden zur Herstellung von Bällen waren üblich. Die Einzelteile des Äußeren wurden zusammengenäht, wobei eine kleine Öffnung (der „Mund") gelassen wurde. Dann wurde das Ganze umgedreht, die Innenseite nach außen. Die Hülle wurde mit Kuhhaar gefüllt und die Öffnung zugenäht.
Während der Herstellung wurde die Hülle feucht gehalten, weil das das Umdrehen erleichterte und außerdem die Hülle einlaufen ließ, nachdem sie ausgestopft war. Das sorgte für ein Maximum an Härte bei dem Ball. Solange er noch naß war, wurde der Ball über ein Brett gerollt mit einem Gerät, das

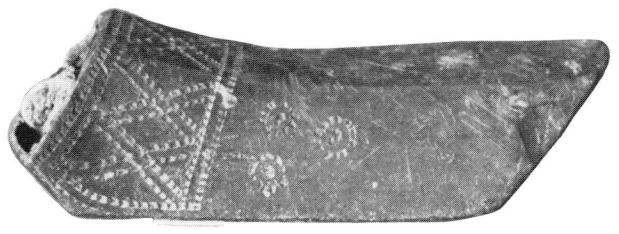

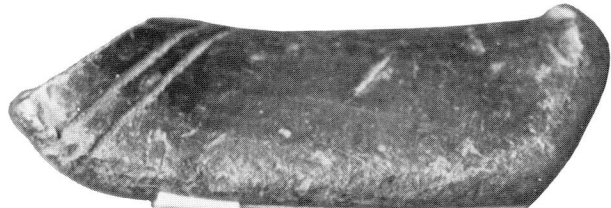

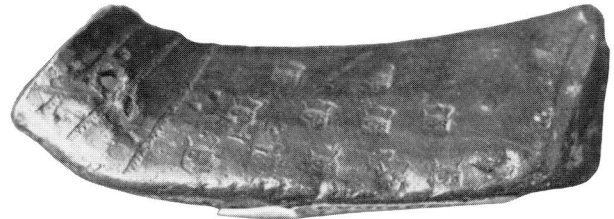

45 5 Schlägerköpfe

Herkunft	Länge	Gewicht	Alter
1 Amsterdam	10,6 cm	240 Gramm	17. Jahrhundert
2 Amsterdam	9 cm	165 Gramm	17. Jahrhundert
3 Noordeinde	10,5 cm	322 Gramm	17. Jahrhundert
4 Reimerswaal	8,4 cm	260 Gramm	15./16. Jahrhundert
5 Reimerswaal	7,5 cm	215 Gramm	15./16. Jahrhundert

(Nr. 3 trägt zahlreiche Stempel mit gekröntem Schild mit den Initialien CSP; Nr. 5 trägt einen zehnzackigen Stern als Stempel.) Privatsammlung

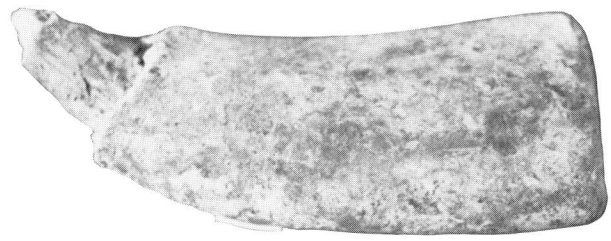

46 Zwei Schlägerköpfe, Bentveld, 15. Jahrhundert, Länge 9 und 9,4 cm, Gewicht 535 und 605 Gramm. Privatsammlung. Diese Schläger hatten Eisenstifte, um Kopf und Schaft zu verbinden

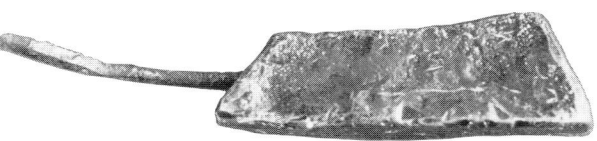

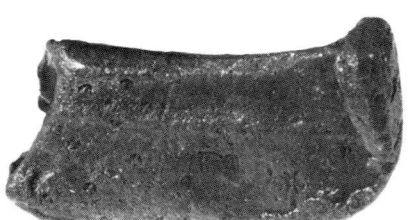

43 Schlägerköpfe um 1600, Amsterdam. Sie sind aus Blei und Zinn. Längen: 10,4, 8,1, 6,1 und 7,4 cm. Kat. Nr. 861, 863, 864, 862. Historisches Museum Amsterdam (Die drei oberen sind für Männer, Jungen und Kinder.)

44 Schlägerkopf mit Stempeln. Einer ist eine Rose, der andere der Großbuchstabe „D", gefunden im Kenaupark in Haarlem. 2. Hälfte 17. Jahrhundert. Blei, 4 × 9 cm, 225 Gramm. Privatsammlung. Durch Magistratsverordnung in Leyden für die Schlägermacher-Gilde 1660 mußten die in der Stadt verkauften Schläger den Stempel des Herstellers und der Stadt, in der er hergestellt wurde, tragen

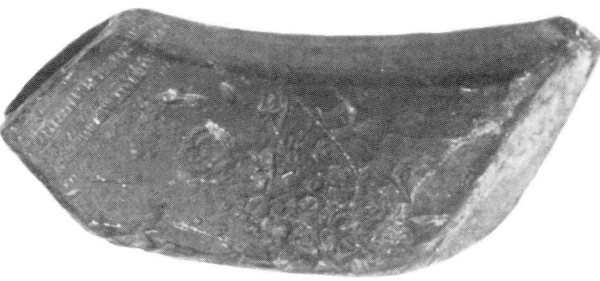

47 Der schottische Langschläger (Schotse Klick), Nachbildung. Schläger dieser Art sieht man auf Bildern des 17. Jahrhunderts (s. Nr. 27 und 28). 1657 beschreibt J. Six van Chandelier sie: aus Buchsbaum, mit Blei gefüllt drei Finger breit über der Spitze und eine über dem Kopf. Schläger von Hugh Philp und anderen hatten bis 1840 diese Besonderheit. Es muß sie seit etwa 1625 gegeben haben. Die frühen Hersteller in Schottland sind nicht bekannt. Privatsammlung

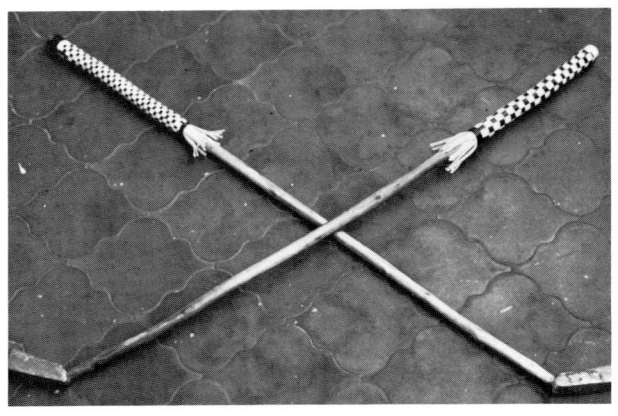

48 Zwei Nachbildungen von Schlägern mit Bleikopf, etwa 1600, gearbeitet nach dem Vorbild der Schläger um die Zeit. Die Schäfte sind aus Esche und Haselnuß, die Griffe geflochtenes, weißes und schwarzes Leder. Länge 110 cm, Gewicht 230 Gramm. Privatsammlung. Schläger dieser Art wurden schon 1429 in einer Verordnung der Stadt Zierikzee erwähnt

49 Zwei Lederbälle mit Kuhhaar gefüllt, aus zwei oder vier Teilen zusammengesetzt, etwa 4 cm Durchmesser, etwa 22 Gramm schwer. Privatsammlung. (Die Bälle wurden hergestellt von I. de Haan aus Peins.) Diese Bälle wurden in West-Brabant vom 15. Jahrhundert an hergestellt und von Bergen op Zoom aus nach Schottland exportiert etwa um 1490 oder vielleicht eher. Man sieht sie auf den Illustrationen 9, 10, 11, 12, 28 und 33

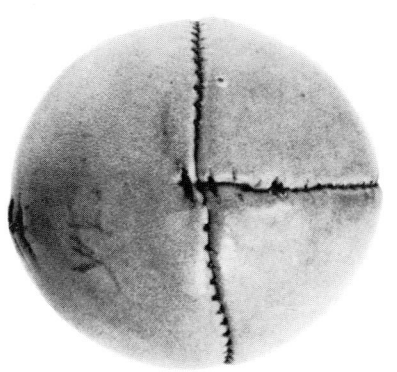

50 Colf-Ball, Amsterdam 1589, Esche, 5 cm Durchmesser, Originalgewicht 40 Gramm (durch Konservierung mit Bienenwachs wiegt er jetzt 80 Gramm). Privatsammlung

51 Werkzeuge zum Ballmachen aus Goirle in Brabant. Die Ahle und der zerbrochene Ball sind alte, die anderen Werkzeuge Nachbildungen. Das Holz und die Form wurden benutzt, um die Bälle nach dem Stopfen zu formen (dies geschah kurz nachdem das Haar in die feuchte Hülle gestopft war). Der Ball wurde in Friesland nach der Goirle-Methode hergestellt. Inv. Nr. A-173 Historische Gesellschaft „De Vyer Heertganghen", Goirle

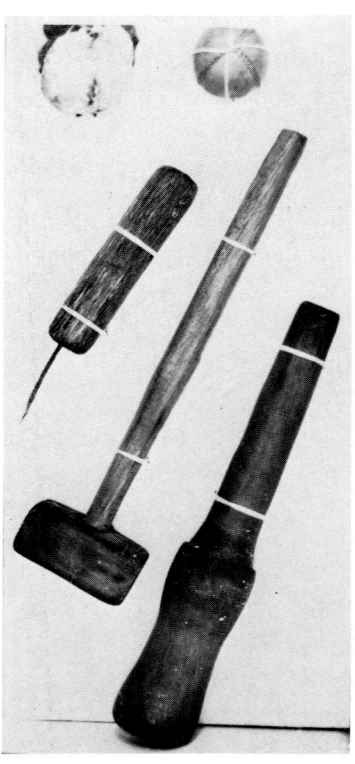

52 Fünf Nachbildungen von Schablonen zum Ausschneiden der Lederhüllen. Messing. Es war möglich, nach den verschiedenen Gemälden und Drucken diese fünf gebräuchlichen Formen zu entwickeln. Die zweite von oben wird heute noch bei der Herstellung von Kaats-Bällen benutzt. In Goirle gab es eine sechste Form. Statt vier Teile (rechts oben) wurden sechs ähnliche, aber schmalere Teile genommen. Privatsammlung

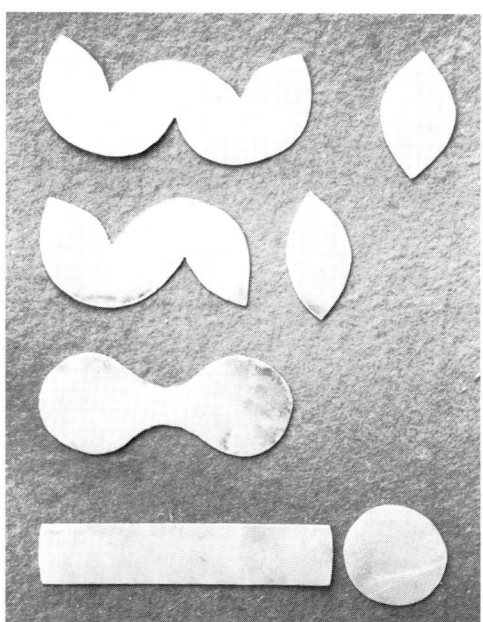

einem Kartoffelstampfer ähnlich sah und am Ende eine runde Aushöhlung hatte. So wurde der Ball vollkommen rund.

Solche Bälle werden heute noch bei den Kaats-Spielern in Friesland benutzt und werden von einigen Ballmachern noch auf dieselbe Art hergestellt.

Mit Federn ausgestopfte Bälle werden zuerst 1657 erwähnt. Auf einem Gemälde von Jan Anthonisz van Ravesteyn von 1626 hat ein Ball ein gleichmäßiges Muster von Eindrückungen ähnlich wie die Einkerbungen der heutigen Bälle — vermutlich um für eine geradere Flugbahn zu sorgen.

Ab 1600 und später kann man die Markierung der Ballmacher auf den Bällen finden.

Tees

Obwohl die Bälle auf einen kleinen Erdhügel gelegt wurden, kann man auf einem Bild von Jan van der Borcht von etwa 1590 und auf einer Kachel aus dem 17. Jahrhundert eine Art „Pflock" als Tee erkennen.

Balljungen

Balljungen (Fore-caddies) sind seit 1657 bekannt.

Schuhe

Es gibt keinen Hinweis auf spezielle Schuhe, aber 1657 wurden im Winter Eissporen getragen, um ein Ausrutschen zu verhindern. Aus demselben Grund wurden auch die Schuhsohlen aufgerauht.

Platzwartung

Der Colf-Platz in Haarlem wurde 1483, vermutlich sogar viel eher, regelmäßig gemäht.

Schlußwort

Wenn das alte Colf unerklärlicherweise um 1700 verschwand, so dauerte es doch nicht lange, bis ein Ersatz da war. Innerhalb von 20 Jahren wurde ein neues Spiel geboren. Ein verkleinerter Mail-Platz von etwa 20 Meter Länge und mit zwei Pfosten an jedem Ende wurde gebaut, und ein neues kurzes Spiel namens KOLF war da. Die meisten dieser neuen Plätze wurden in der Nähe von Gastwirtschaften gebaut, und es dauerte nicht lange, bis viele von ihnen überdacht waren. In der Folge wurden die Schläger und Bälle dem neuen Spiel angepaßt. Sie wurden größer und schwerer, und nach und nach entwickelte sich das Präzisionsspiel, das man bis heute in geschlossenen Räumen spielt.

1981 feierte der Kolfclub Utrecht, Teil der alten Schmiedegilde der Stadt Utrecht, das 250jährige Bestehen als Kolfclub. Er ist noch im Besitz des ursprünglichen Platzes, der jetzt zum St. Eloy Hospital gehört. Früher gehörte er zu dem längst verschwundenen benachbarten Gasthaus „De Hollandsche Tuyn" (Hollandgarten).

10

Das Kolf-Spiel

Der genaue Ursprung von Kolf ist genauso schwierig zu bestimmen wie der von Colf. Unsicherheit besteht über die Zeit zwischen 1700 und 1730. 1730 war das Jahr, in dem der noch bestehende Kolfclub Utrecht gegründet wurde. Dieser Club war immer Teil der Schmiedegilde zu Utrecht. Der Kolfclub gehörte ursprünglich zu dem Gasthaus „Hollandgarten" an der Boterstraat. Als das Gasthaus geschlossen wurde, wurde der Club einfach dem Hospital auf der anderen Seite der Straße angeschlossen, das auch zur Gilde gehörte. Dort ist es immer noch. Dieser Club liefert uns feststehende Daten.
Ansonsten müssen einige Folgerungen aus anderen Angaben gezogen werden.
Ein unbekannter Autor, der unter dem Motto, Concorde nous guide" (Eintracht lenkt uns) schrieb, veröffentlichte 1769 ein „Traktat über Kolf" (F). Eine zweite erweiterte Auflage erschien 1792 (G). Er erwähnt nichts über den Ursprung von Kolf. Fast alle Kolfplätze wurden in der Nähe von Gastwirtschaften gebaut.
Die Anlage ist einfach ein verkürzter Mail-Platz ohne die eiserne Pforte in der Mitte. Nach den „Concorde"-Büchern weisen die Kolf-Regeln deutliche Gemeinsamkeiten mit den Mail-Regeln auf, nur daß sie dem kürzeren Spiel angepaßt wurden. Der wesentlichste Unterschied zum Mail ist der, daß der Pfosten nicht das letzte Ziel ist, sondern daß der Ball weitergespielt wird, wenn er vom Pfosten abgeprallt ist.
Das liegt in der Natur des kurzen Spiels. Alles in allem können wir annehmen, daß das Spiel in einer Gastwirtschaft entwickelt wurde, vielleicht von ehemaligen Colfern, die ihr altes langes Spiel nicht vergessen konnten, und von einem mitfühlenden Wirt, der wohl auch daran dachte, den Verlust wieder wettzumachen, den er erlitten hatte, als die Colfer zu spielen aufhörten.
Colf hatte immer für viel Durst gesorgt. Schon 1500 hatte der Magistrat von Delft verordnet, daß Colf für Erwachsene zugelassen war, „wenn sie um eine bescheidene Runde (von Getränken) spielten, entsprechend der sozialen Lage der Spieler" (38). 1762 verfügte derselbe Magistrat, daß Betreiber von Kolfplätzen eine Konzession zum Alkohol-Ausschank in größeren Mengen haben mußten, oder sie mußten sie wenigsten sofort beantragen (43).
Der Wirt des Gasthauses „Im weißen und schwarzen Hund" in Rotterdam ließ keine Zweifel an seinen Absichten. In seiner Kneipe war angeschlagen:
„Freunde des Kolf, hier hängen Schläger und Ball für Rotterdamer und für alle,
wer Kolf spielen will, mag kommen,
aber bringt Dukaten und eure Bälle mit."
Das Bekenntnis eines Spielers an der Wand eines Kolf-Platzes in Den Haag ist auch aufschlußreich:
„Hier spielt man billig Kolf und schwitzt aus Freude, denn Ballspiel läßt die Börse und den Körper schwitzen.
Ich will kein Narr mehr sein und meinen teuren Schweiß erkaufen,
sondern Liebe mit Maßen und Wein, Weiber und ein gutes Leben."
Wirte setzten auch Preise in Form von silbernen Kolfbällen und ähnlichem aus, um die Spieler auf ihre Plätze zu locken.
Das Spiel wurde innerhalb kurzer Zeit sehr populär. „Concordes" erstes Buch von 1769 zählt nicht weniger als 190 Kolf-Plätze in und um Amsterdam auf (F), 31 davon überdacht. In der zweiten Auflage, 23 Jahre später, werden in derselben Gegend 165 genannt, 45 davon überdacht. Insgesamt werden in dem Buch 350 Plätze genannt, 149 davon überdacht. Die Liste ist alles andere als vollständig, Kolf-Plätze fand man auch in anderen Provinzen wie Seeland und Friesland. In Goes in Seeland beispielsweise gab es wenigstens zwei Plätze bei den Gasthäusern „Prinses Marie" und „De Prins von Oranje". Zwei Pfosten des zweiten Platzes stammten aus dem Jahr 1772. Auf Bildern des frühen 18. Jahrhunderts sieht man Kolf-Spieler mit Schlägern wie beim Colf. Nach und nach wurden die Schläger schwerer und die Bälle größer, entsprechend den Anforderungen des neuen Spiels. Im Laufe der Zeit wurden die Pfosten, die bis dahin aufrecht standen, gegeneinander geneigt. „Concorde" lobt Bälle mit einer Füllung aus fest gepreßter Rohwolle und einer Lederhülle, die mit Kupferdraht genäht waren, damit sie sich nicht auflösten, wenn sie auf den Plätzen draußen naß wurden. Es gab auch Bälle mit einer Haarfüllung (wie die alten Colf-Bälle) oder einer Füllung aus gestopften Federn.

De vermaarde Herberg STADLANDER, even buiten Amsterdam, van 't einde derselver Kolfbaanen te zien.

53 Blick auf Amsterdam
von der Amstel aus,
1740, Adolf van der
Laan (1648 bis nach
1755). Stich, ein Blatt
aus einer Vogelperspekti-
ve der Stadt. Inv.
Nr. d'Ailly 193. Nationa-
le Sammlung von
Drucken, Amsterdam.
Dies ist vermutlich eins
der ersten Bilder eines-
Kolf-Platzes nach 1700.
Die Gastwirtschaft rechts
ist ,,De Pauwentuin''
(Der Pfauengarten).

54 Der Kolf-Platz hinter
dem Stadlander-Gasthof
in Amsterdam 1755. N.
M. Aartman (1713 bis
1760). Feder und Pinsel,
29 × 40,5 cm Stadtarchiv
Amsterdam (Topographi-
scher Atlas)

55 Der Kolf-Platz bei Groote
Huys op Zuydwind in
's-Gravezande, 8. Januar
1749. Aert Schouman
(1710—1792), Zeichnung.
Privatsammlung

Die Schläger hatten Köpfe aus Eisen oder Messing. „Concorde" bevorzugt lange Plätze von 33 bis 39 Metern. Er meinte, daß ein guter Platz wenigstens 24 bis 27 Meter haben sollte. Viele waren jedoch kürzer, und die heutige Standardlänge beträgt 17,5 Meter. Die Ausbreitung des Spiels zwischen 1730 und 1800 kann man spektakulär nennen. Nach 1800 setzte der Niedergang ein. Die Einführung des Gummiballs 1840 konnte da nichts ändern. 1841 gab es die erste Warnung, daß das Spiel aussterben würde. Viele der überdachten Plätze wurden in Bankett- oder Theatersäle umgewandelt. Billard ersetzte Kolf.

Am 13. Mai 1885 gründete Dr. C. von Balen Blanken die Niederländische Kolf Union in Haarlem, um die letzten verbliebenen Kolfer zusammenzubringen und den Niedergang aufzuhalten. Neun Kolf-Gruppen schlossen sich der Union bei der Gründung an. Drei von ihnen gibt es heute noch: „De 4 Enen"

in Spanbroek, „Op Maat" in Zuid Scharwoude und „Over de Helft" in Nieuwe Niedorp.
Später hat sich der alte Club aus Utrecht auch der Union angeschlossen.
Heute wächst die Zahl der Spieler langsam wieder, und in der Union sind 20 Clubs vereinigt.
Die Erd- und Zementplätze wurden durch Kunststoffplätze ersetzt. Die Schlägerköpfe sind aus rostfreiem Stahl. Die Teilung der Spieler in zwei „Klassen" — in die mit den wollegestopften Bällen und die mit den Gummibällen — gibt es nicht mehr.
Ein technisches Problem beschäftigt die Kolfer von heute. Ein Gummiball wird immer besser für das Spiel, je älter er ist. Nach mehr als einem Jahrhundert springt das Gummi nicht mehr so sehr, und der Ball rollt weicher. Das ist bei dem schwierigen Kolf sehr wichtig. Aber es gibt keine Methode, den Alterungsprozeß zu beschleunigen. So sind die wollegestopften Bälle am Ende doch in der Mehrzahl.

56 Ein Kolf-Platz mit drei
   Spielern, 18. Jahrhun-
   dert, Amsterdam und
   Gouda, kein Hersteller-
   stempel. Silberminiatur,
   3,4 × 8,6 × 3 cm. Stadt-
   museum Gouda

57 Das neue niederländi-
   sche, französische, ame-
   rikanische und englische
   Kolf-Spiel. Ein Theater-
   stück in drei Akten, her-
   ausgegeben von D.
   Schuurman, Amsterdam
   1782. Titelblatt von J. C.
   Schults (1749—1812),
   16 × 9,7 cm. Historische
   Sport-Sammlung, J. A.
   Brongers, Museum Flehite, Amersfoort. Das
   Stück spielt auf zwei
   Kolf-Plätzen. Die Eng-
   länder werden von den
   Franzosen und Nieder-
   ländern geschlagen und
   verschwinden. Der alle-
   gorische Hintergrund ist
   das Bemühen der Patrio-
   tischen Partei (in der Po-
   litik), den englischen Ein-
   fluß in den Niederlanden
   zu begrenzen

58 Spielkarte mit Kolf-
   Platz, 18. Jahrhundert,
   Stich, 7 × 4,8 cm. Histo-
   rische Sport-Sammlung.
   J. A. Brongers, Museum
   Flehite, Amersfoort

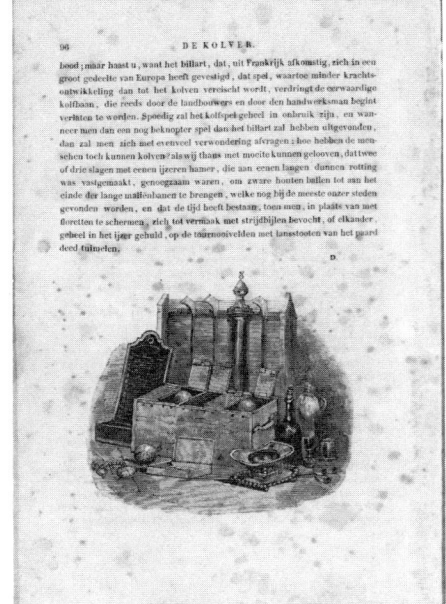

60 Ein Kolf-Spiel vor dem 2. Weltkrieg auf dem Platz in Lopik. Archiv der Niederländischen Kolf Union

61 Der Kolf-Platz des Kolf-
clubs Utrecht im St.-
Eloy-Gasthaus (Hospital)
in Utrecht 1913 und 1981

62 Zwei Kolf-Pfosten der
Kolf-Gesellschaft ,,Prins
van Oranje'' in Goess,
1772. Holz, mit gemalten
roten, weißen und blauen
Streifen. Beide mit Mes-
singband mit der In-
schrift ,,Anno 1772 Hu-
bertus Simons''. Höhe
98 cm. Inv. Nr. 3723 Mu-
seum von Goes. Standar-
te der Kolf-Gesellschaft
,,De Prins van Oranje'',
Goes 1855 (?), impräg-
niertes Papier auf Stoff.
75 × 59 cm, Inv. Nr. 3496
Museum von Goes. Die
Standarte zeigt das Wap-
pen von Goes, einen
Kolf-Pfosten, Schläger
und Bälle. Die Inschrift
lautet: Kolfsociëteit De
Prins van Oranje. Opge-
richt (gegründet) 1855

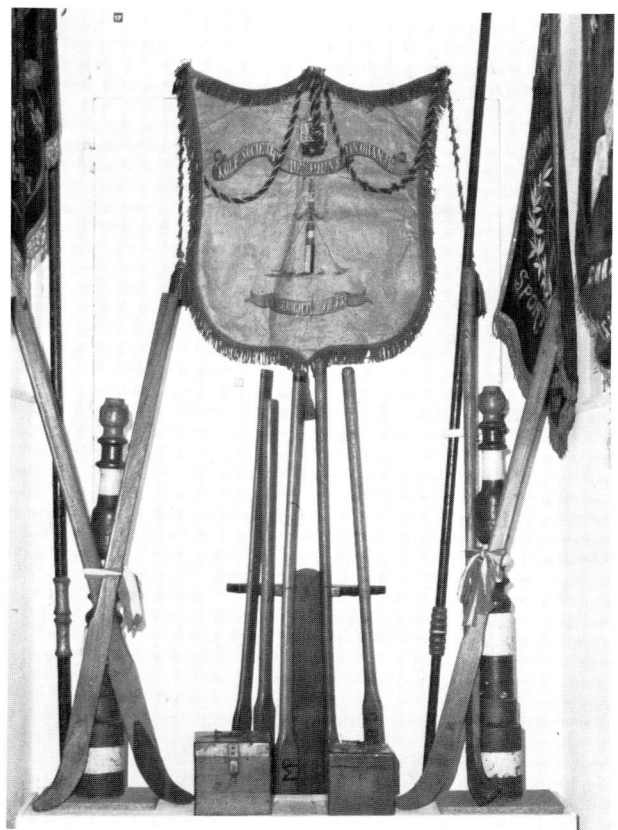

63 Kolfpreis, 19. Jahrhundert. Kleiner Ball in
einem Filigrannetz aus
Messing mit imitierten
Diamanten an der Kette.
Durchmesser 5 cm. Hi-
storische Sport-Samm-
lung J. A. Brongers, Mu-
seum Flehite, Amersfoort

61

REGLEMENT
OP HET
KOLFSPEL,

ZOO ALS HETZELVE DOOR GEHEEL HET RIJK HEEN WORDT GESPEELD.

Verklaring van eenige woorden en spreekwijzen, bij het spel in gebruik.

1.) **Streepje:** men verdeelt een spel in eenige deelen; doorgaans in 5; dus moet iemand even zoo veelmaal gewonnen hebben, zal hij het spel winnen: elk speldeel noemt men een streepje.

2.) **Boven,** is de plaats in de baan alwaar men begint te spelen. — *Beneden* of *onder*, is het tegenover gelegen einde der baan.

3.) **Uitspelen,** is bij den aanvang van 't spel, of speldeel, den bal van boven naar beneden slaan.

4.) **Snijbal,** is een bal die op zijde, meer of minder achter of ook geheel achter het stuk ligt, en het welken echter het stuk geraakt moet worden, om hem tevens naar beneden te doen loopen. — Op die wijze een' bal naar beneden te brengen noemt men *snijden*.

5.) **Trekbal,** is een bal welke aangeslagen moet worden, zoo dat hij 't verst of verder dan een andere terug loopt. — Naar mate hij daartoe meer of minder gunstig ligt, noemt men hem, *goede* of *slechte trekbal*.

6.) **Trekken,** is het gemeld aanslaan, om den bal 't verst of verder dan een andere bal te doen terug loopen.

7.) **Er is nog,** of, *geen land achter:* dit wordt gezegd wanneer een getrokken bal zoodanig komt te liggen, dat een volgende nog, of niet verder, kan komen.

8.) **Staan blijven:** van dien een streepje heeft verloren zegt men: hij blijft staan.

9.) **Overkolven,** is wanneer iemand die, als men uitscheidt met spelen, minder of 't minst heeft verloren, met een ander die meer of 't meest heeft verloren, nakolft, om 't geen beide zouden verloren hebben.

10.) **Geerten,** is bij aanhoudendheid met een' geweldigen slag den bal naar 't stuk drijven; dus in alle gevallen zonder voorzigtig overleg slaan.

11.) **Op zijn oude luidjes spelen:** zoo noemt men het voorzigtig en met overleg spelen, met in achtneming van alles dat gedaan kan worden om het spel te winnen.

12.) **Partij:** elk spel noemt men partij: zoo zegt iemand die, bij voorbeeld, drie spelen heeft gewonnen: *Ik heb drie partijen gewonnen.* Wanneer er drie spelen gespeeld zijn, zegt men: *Wij hebben drie partijen gemaakt.*

13.) **Katjefrik:** men zegt van een' speler dat hij katjefrik is, wanneer hij een spel verliest, zonder een eenig streepje gewonnen te hebben.

14.) **Kolf aan 't stuk,** is als men, zijn' bal slaande, tevens met den kolf het stuk raakt.

15.) **Maters spelen,** is als 4, 6 of 8 personen t' zamen spelen: 2, 3 of 4 van hun zijn en blijven dan boven, en de overige beneden, elk aldaar zijn' bal waarnemende. Men speelt dan ook met zoo vele ballen als er maters zijn.

16.) **In gelag spelen,** is als 4, 5 of meer personen ieder voor zich zelven speelt, dat is, ieder met een' bal, zoo dat hij denzelven moet naloopen, en hem onder en boven spelen.

17.) **Met ploegen kolven:** als een gezelschap uit vele personen bestaat, verdeelt het zich in twee of drie partijen, die men *ploegen* noemt: deze ploegen spelen beurtelings, ieder, naar onderling goedvinden, 2, 3 of meer spelen na elkander.

18.) **Die zijn' bal opbreekt alvorens 't mag geschieden blijft staan;** zoo blijft ook staan de gene die den bal van een ander opbreekt.

19.) **Op een' goeden bal spelen:** dit doet de geen die niet het stuk tracht te raken, maar door matig zacht te slaan, zijn' bal op eene plaats tracht te doen komen, gunstig voor den volgenden slag, door hem zelven of door zijn' maat te doen, om te trekken.

20.) **Bal opbreken,** doet de geen die zijnen bal opneemt, wanneer hij de bepaalde streepjes gemaakt, en dus voor 't onderhanden zijnde speldeel, afgedaan heeft.

21.) **Rabat:** is het schot boven en onder achter het stuk.

22.) **Rabatteren,** is als men den bal van achteren tegen het stuk slaat, zoo dat dezelve tegen het rabat stuit, en daardoor vooruit komt.

23.) **Opstuiten,** is als eene partij aan 't spelen is, en een of meer personen verkiezen met deze te spelen, zoo wordt aan hunne zijde met een' kolf tegen 't zijschot van de baan geslagen en gezegd: *Dit's voor de baan.*

24.) **Straf kolven,** wordt geheeten, wanneer opgestuit is geworden, en de opstuiters weder worden opgestuit, 't zij door geheel vreemden, of door de genen die voor hen de baan hebben verlaten.

SPEELWETTEN.

ART. 1.) Den bal niet rakende, of slechts op den kop, zoo dat dezelve zich alleenlijk een weinig beweegt, geldt echter de slag.

— 2.) Maters spelende, en een' bal niet over de helft van de baan gebragt hebbende, slaat de geen die den bal alzoo gebragt heeft, nogmaals; maar als de bal over de helft van de baan ligt, slaat de maat.

— 3.) Met 3 of 4 maters spelende, zijn de twee die met hunnen bal de streepjes gemaakt hebben er af, en de 2 laatst overblijvende maters spelen om de beslissing van 't spel.

— 4.) In gelag spelende, gaat ieder die de bedongen streepjes gemaakt heeft af, en de twee overblijvende beslissen 't spel. Ieder teekent doorgaans op zijn' kolf aan hoeveel streepjes hij gemaakt heeft.

— 5.) Verkiezen 6 of 7 personen gezelschappelijk te spelen, zoo spelen 5 van dezelve, en 1 of 2 rusten; in gevalle van 6, gaat de verliezer af, en wordt vervangen door dien gerust heeft. Rusten 2, zoo gaat de verliezer af met den genen die na hem de minste streepjes heeft gemaakt, en de rustende vervangen hen.

— 6.) In gelag spelende zijn alle die tij het uitslaan het benedenstuk niet geraakt heeft, die verliest het streepje. Is er slechts één die, uitslaande, het benedenstuk niet geraakt heeft, die verliest het streepje.

— 7.) Alle bij 't uitslaan beneden moeten gekregen hebbende, zoo blijft de geen die alleen aldaar, voor den tweeden slag, misslaat, staan; en slaan 2 of 3 mis, die kolven door, terwijl zij die aangeslagen hebben en er af zijn.

— 8.) Spelen slechts 2 of 3 personen t' zamen, zoo speelt men van beginne af aan door; dat is, voor dezen geldt ART. 6 en 7 niet.

— 9.) In alle gevallen geldt de beurt-orde van beneden te slaan, van den bal die verre van het stuk ligt, en die digst bij 't zelve staat slaat eerst, en zoo vervolgens. In gevalle van verschil, worden met den kolf, of met een lat, de afstanden gemeten; doch niet met een touw, om dat hetzelve meer of minder gerekt kan worden.

— 10.) Worden getrokken ballen gemeten zoo moet, wanneer de ballen binnen het tegenoverstaande stuk liggen, de meting geschieden van het stuk af op 't welk is getrokken; doch liggen de ballen achter het tegenoverstaande stuk, zoo geschiedt de meting van het daar achterstaande rabat af.

— 11.) Wanneer alle de ballen zoo sterk uitgespeeld worden dat zij beneden het stuk raken, en, terugstuitende, ook het bovenstuk aandoen, zoo begint een ander spel.

— 12.) Zoo hij die den nader heeft voor zijne beurt speelt, is hij vervolgens van zijn' nader verstoken, en wordt daarin vervangen door den genen, die onmiddelijk vóór hem de beurt had. Speelt den der andere spelers voor zijne beurt, zoo geeft dit hem die den nader heeft het regt om tweemaal te staan.

— 13.) Liggen 3 of meer ballen rondom het benedenstuk, zoo moet onderling overeengekomen worden, om dezen of genen speler straffeloos vóór zijne beurt te laten slaan, ten einde de overige ballen niet gebotst mogen worden. Ligt een bal den genen die staan moet in den weg, zoo mag hij denzelven laten wegnemen, mits de plaats waar die bal gelegen heeft, met een' netten vinger merkende.

— 14.) Wordt iemand bal bij 't uitslaan gehouden vóór het stuk, zoo mag hij verslaan. Wordt zijn bal achter 't stuk waarop hij speelt gehouden, zoo mag hij ook wel verslaan; maar moet slechts op een' goeden bal spelen; echter mag hij het stuk wel van achteren raken; maar raakt hij het van voren zoo geldt dit niet.

ART. 15.) Is 't stuk beneden met den tweeden slag geraakt en de bal wordt gehouden, zoo mag men, desverkiezende, ook verslaan; maar als dan het stuk niet rakende, geldt het eerste raken niet, en de bal wordt voor mis te zijn gehouden.

— 16.) Die een' bal welke boven, dat is met den laatsten slag, getrokken is voor het stuk waarop getrokken is, houdt, blijft staan; doch geschiedt het houden achter 't stuk zoo wordt het niet geteld.

— 17.) Geschiedt het houden in ART. 16 gemeld, met den bal die om 't laatste streepje trekt, en die dus verliest, zoo krijgt de houder de partij; dewijl dit echter eene hardheid is, wordt er gemeenlijk met hem om gekolfd, namelijk de houder speelt met dien gehouden is om betaling der partij.

— 18.) Die zijn' bal opbreekt alvorens 't mag geschieden blijft staan; zoo blijft ook staan de gene die den bal van een ander opbreekt.

— 19.) Die met zijn' bal dien van een ander raakt, zoo blijven de beide ballen liggen ter plaatse alwaar zij zich bevinden. Treft de geraakten bal het stuk, zoo geldt dit bij den eigenaar des bals voor aangeslagen te hebben.

— 20.) Die den bal van een ander raakt zoodanig dat dezelve buiten de baan springt, blijft staan.

— 21.) Die zijn' eigen bal, het stuk al of niet geraakt hebbende, buiten de baan slaat, blijft mede staan.

— 22.) Kolf aan 't stuk blijft staan.

— 23.) Twee trekballen die even verre komen te liggen, kunnen op nieuw getrokken worden, en ieder kan zijn' bal naar goedvinden vóór het stuk leggen. Men mag ook, des verkiezende, van voren af aan om het streepje kolven.

— 24.) Een bal die naar boven getrokken is, mag niet verlegd worden, zoo hij vóór een' bal die gespeeld moet worden ligt; wel zoo hij achter denzelven ligt, mits weder de plaats merkende. In 't eerste geval mag men vóór onder den bal die gespeeld moet worden een pijpensteeltje leggen, waardoor hij over den hinderenden bal heen springt.

— 25.) Niemand mag zijn' bal verleggen om een' vrijen slag te krijgen, zonder toestemming van geheel 't gezelschap.

— 26.) Die rabatteert blijft staan; doch wanneer het stuk van voren of op zijde geraakt is, zoodanig dat de bal uitslaat, het rabat raakt, en daardoor voorwaarts komt, wordt niet voor rabatteren gehouden.

— 27.) Wanneer opgestuit wordt moet het onderhanden zijnde spel eerst uitgespeeld worden; voorts wordt door de werkelijk spelende afgesproken wie met den opstuiter zal of zullen doorspelen; verkiest niemand het te doen, zoo wordt de baan verlaten; maar wordt de opstuiting aangenomen, zoo moet om een geheele flesch gespeeld worden.

— 28.) Wanneer opstuiters spelen, en er weder anderen komen die opstuiten, moet de verliezende partij voor baan doen verlaten; doch kunnen, des verkiezende, terstond weder opstuiten.

— 29.) Niemand mag in de baan zijn dan die werkelijk spelen; die dit weigert, dus in de baan blijft, dan een' bal houdt, verbeurt een halve flesch wijn. Maar die buiten de baan tegen het beschot staat, en een' bal houdt welke anders buiten gesprongen zoude wezen, verbeurt niets; doch die den bal heen geslagen blijft staan.

'Tgezonde kolfspel mag den speellust veilig wekken;
Mag tot verpoozing van den ijveraar verstrekken;
Dan, dat geen twisterij 't vermaak daaraan vergall',
'T geen door dien eerlijk speels ook niet gebeuren zal.

De speler moet zich naar de wet van 't spel gedragen;
Dan valt er geen verschil; dan valt er niets te klagen;
Blijft die de wet, uit zucht tot twisten, wederlegd,
Zie, door elke weigering, zich 't gezellig spel ontzegd.

Te Amsterdam, bij H. MOOLENIJZER; de prijs is 8½ stuivers.

64 Kolfregeln etwa 1800

65 Kolf-Diagramm, von
    links:1., 2. und 3. Schlag

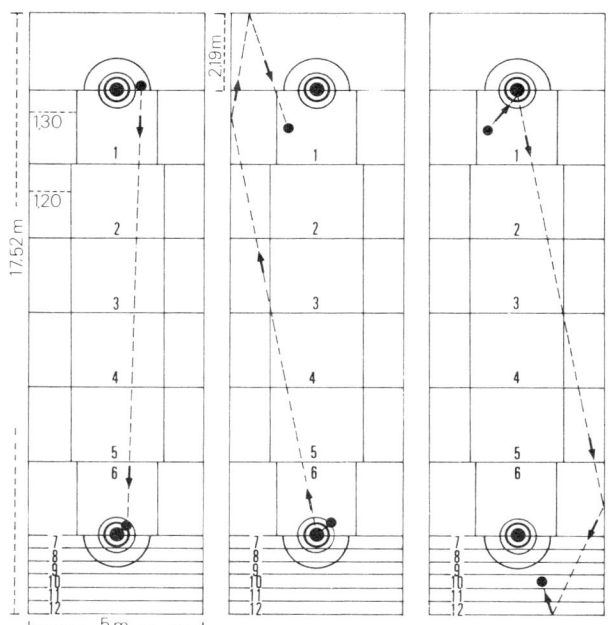

66 Drei Kolfschläger, etwa
    1900, 1918, etwa 1900,
    Ulme, Ulme und Esche,
    133 × 17,6 cm,
    126,7 × 18,5 cm,
    126,5 × 11 cm. Kolfclub
    Utrecht im St. Eloyen-
    gasthuis, Utrecht. Der
    Schläger links steckt in
    einer grünen Stoffhülle,
    der in der Mitte ist für
    das Spiel mit Gummibäl-
    len, der rechte für das
    Spiel mit wollegefüllten
    Bällen

67 Drei Kolfbälle, ein neuer
    und zwei ältere. Die bei-
    den älteren Bälle links
    haben 12 cm Durchmes-
    ser, der rechte 10 cm.
    Kolfclub Utrecht in dem
    St. Eloyengasthuis,
    Utrecht. Die beiden älte-
    ren Bälle sind mit Wolle
    gefüllt. Ihre Lederhüllen
    sind mit Kupferdraht ge-
    näht. Die Nähte kreuzen
    nur auf einer Seite. Die
    Hülle des modernen Balls
    ist mit dem Kern verleimt

69 Golf-Plätze in Holland
   und Belgien heute
     ○ Zahl der Löcher
     ● im Bau
     * geplant

Ballherstellung

1428 Bergen op Zoom
Am 26. November wird der Ballmacher Cornelius Boele als Bürger registriert.

1437 Middelburg
Jan der Ballmacher (Jan die balmakere).

1461 Bergen op Zoom
Am 3. November beschließt der Magistrat, daß die Ballverkäufer sich künftig auf dem Wochenmarkt entlang des Grebbe-Kanals aufbauen sollen.

1474 Middelburg
Am 22. Dezember beschließt der Magistrat, daß Herstellung und Verkauf von Schlägern und Bällen zur St.-Nikolas- oder Kaufmanns-Gilde gehören.

1475 Bergen op Zoom
Am 28. April liefert der Ballmacher Peter Alste(e)n wöchentlich 300 Bälle an Willem Woutersz van Beyeren, 100 Stück für 14 Groschen.

1476 Bergen op Zoom
Am 11. Oktober bürgt der Ballmacher Jacob für den Weber Lambrecht Jansz bei der Eintragung ins Bürgerregister.

1485 Bergen op Zoom
Am 14. Oktober wird der Ballmacher Jan Hermansz in das Bürgerregister eingetragen.

1486 Steenbergen
Am 6. Juli erhält Catlijne Aernts, verwitwete Tochter des verstorbenen Nout Cornelisz, 24 Schillinge von dem Schneider Jan van den Stapele und seiner Frau aus Bergen op Zoom für gelieferte Bälle.

1486 Bergen op Zoom
Als er nach dem „Kalten Markt" (Anfang November) mit dem Schiff des Per Bolle nach Schottland segelt, zahlt Ritsaert Clays (Richard Clay?) sechs Groschen Exportzoll für ein großes Faß mit Bällen (ca. 6000).

1487 Bergen op Zoom
Als er nach dem Ostermarkt mit dem Schiff von Hanne Maes nach Schottland segelt, zahlt Jan Berke (John Berwick?) 16 Groschen Exportzoll für zwei große Fässer mit Bällen (ca. 20000).

1494 Bergen op Zoom
Zoll wird erhoben für den Export von zwei Fässern mit Bällen (ca. 12000) nach dem Ostermarkt und vier Fässern von Bällen (ca. 24000) nach dem „Kalten Markt".

1495 Wouw
Am 17. Februar zeigt ein Eintrag in Bergen op Zoom, daß der Ballmacher Nicolaus Bau derzeit in Paris lebt.

1495 Bergen op Zoom
Nach dem Ostermarkt wird Zoll erhoben für zwei Fässer mit Bällen (ca. 12000).

1496 Bergen op Zoom
Zoll wird erhoben für den Export von zwei Fässern mit Bällen (ca. 12000) nach dem Ostermarkt und für drei Fässer mit Bällen (ca. 18000) nach dem „Kalten Markt".

1502 Bergen op Zoom
Am 9. Mai liefert der Zimmermann Cornelius Jansz dem Kaufmann Claus Laureysz 40000 Bälle, 100 für 13 Groschen, für den „Kalten Markt".

1505 Bergen op Zoom
Am 9. Mai wird Ballmacher Jan Clausz in das Bürgerregister (Kaufmannsgilde) aufgenommen.

1510 Bergen op Zoom
Am 16. August wird der Ballmacher Michiel Jacobsz in das Bürgerregister aufgenommen (Zimmermannsgilde).

1515 Bergen op Zoom
Am 26. Januar bürgt der Ballmacher Michiel Jacobsz für die Aufnahme des Arbeiters und Ballmachers Cornelis Willemsz aus Steenbergen in das Bürgerregister.

1517 Bergen op Zoom
Am 16. Januar bürgt der Ballmacher Michiel Jacobsz für die Aufnahme von Mercelis Willemsz aus Steenbergen (Bruder von Cornelis?) in das Bürgerregister.

1518 Bergen op Zoom
Am 5. März verpflichtet sich der Arbeiter Cornelis Willemsz, dem Ballmacher Jacob Laureysz 300 minus 25 Bälle zu 5 Schilling zu liefern.

1518 Steenbergen
Am 11. März kauft der Ballmacher Claus Laureysz ein Stück Land.

70 Orte, wo Colf-Bälle hergestellt wurden und Ex-
   portzentren

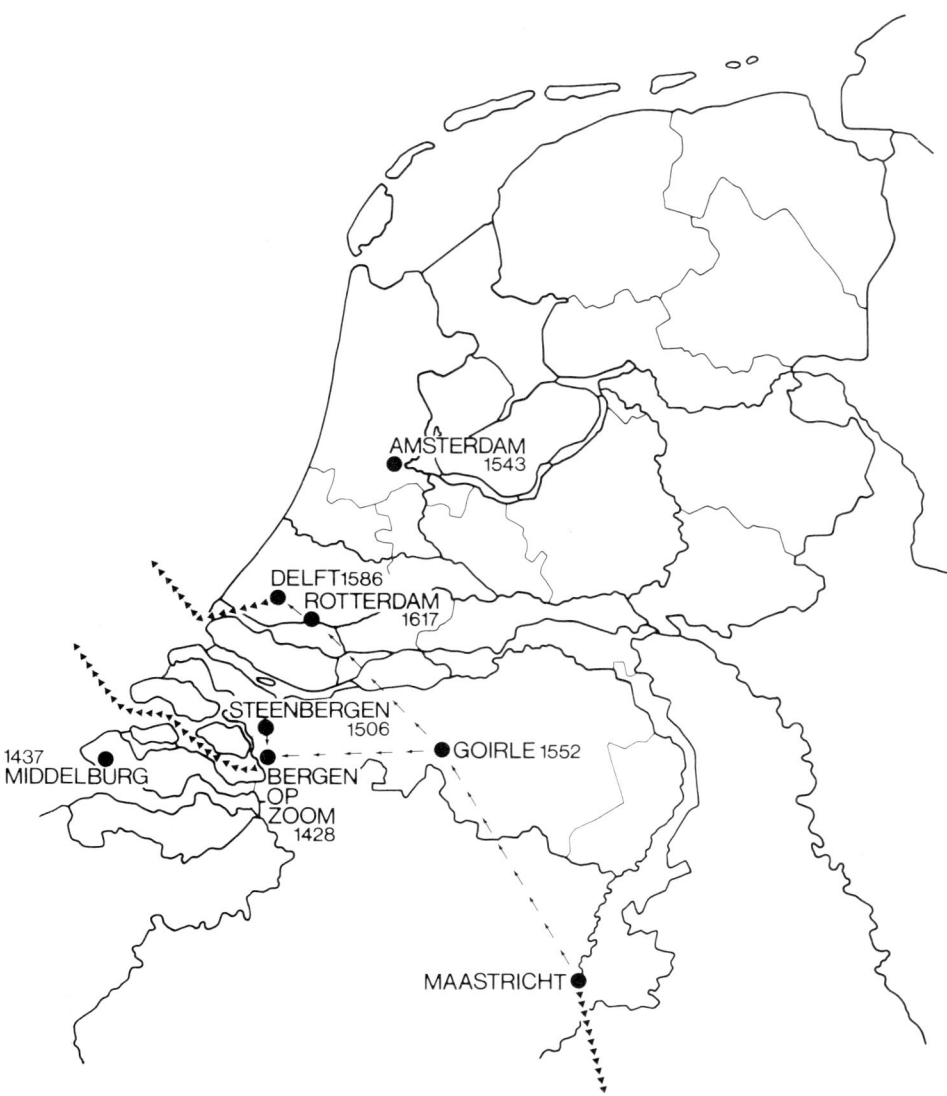

AMSTERDAM
1543

DELFT 1586
ROTTERDAM
1617

STEENBERGEN
1506

1437
MIDDELBURG

BERGEN
OP
ZOOM
1428

●GOIRLE 1552

MAASTRICHT●

1519 Brüssel
Am 19. November erläßt Karl V. neue Zollgesetze für Seeland. Darin heißt es: Bälle, Kaatsbälle zwei Groschen das kleine Faß (ca. 2000).

1524 Steenbergen
Beim Ostermarkt kauft Mels Claesz im Gasthaus „Der rote Turm" in Bergen op Zoom von dem Ballmacher Michiel Jakobsz 3000 Pfund Ballhaar (Füllung), 100 Pfund für 20 Schilling. (Das entspricht etwa 1407 Kilo und reicht für die Füllung von etwa 60 000 Bällen).

1540 Bergen op Zoom
Am 12. Februar pachtet der Ballmacher Claes ein Stück Land am Wall hinter seinem Haus (zum Waschen des Ballhaars?) von der Marquise von Bergen op Zoom für 6 Schilling pro Jahr.

1534 Amsterdam
Ballmacher Cornelis.

1552 Goirle
Laurey, der Ballmacher.

1553 Goirle
Antonis Aertdsen, der Ballmacher.

1560 Goirle
Ballmacher-Meister Frans Petersen bringt seinen Lehrling Jan Cornelis Geryts Hermanssen vor Gericht, weil er nicht die vereinbarten zwei rheinischen Gulden bezahlt hat, weil der Meister ihn gewaschen, gelehrt und im Suppe gegeben hat.

1567 Amsterdam
Die Ballmacher Govert Aertszoon und Jacob Pieterszoon.

1583—1601 Amsterdam
In dieser Zeit werden im Heiratsregister der Stadt 16 Ballmacher erwähnt.

1585 Amsterdam
Ballmacher Jacob Meynertz.

1586 Delft
Verbot für die Ballmacher, das Haar für die Füllung in den städtischen Kanälen zu waschen.

1588 Tilburg
Sebastian van Warendorp, Kommandant der spanischen Armee, besetzt Tilburg. Als Lösegeld sollen ihm innerhalb von zwei Wochen in Eindhoven 12 000 Bälle geliefert werden. Als die Tilburger nach Goirle gingen, lieferte das Dorf ihnen auf der Stelle 6500 Bälle aus der laufenden Produktion.

1610 Amsterdam
Die Ballmacher wohnen außerhalb der Stadtmauern am Margrietpad (heute Elandsgracht).

1617 Rotterdam
Antonius Wouterssoon, Ballmacher aus Goirle; Jan Adriaanszoon Verschueren, Ballmacher.

1626 Delft
Eine Verordnung des Magistrats beschränkt die Anzahl der Lehrlinge (Lehrzeit drei Jahre) für die St.-Michael-Gilde (Ballmacher und Knopfmacher). 1650 wird diese Verordnung erweitert.

1631 Goirle
Drei Ballmacher übergeben einem Spediteur 17 000 Bälle für den Transport nach Maastricht, wo sie verkauft werden sollen. Sie hatten diese Bälle mit ihrer Familie und ihren Lehrlingen hergestellt.

1634 Amsterdam
Ein Ballmacher.

1636 Delft
Jan Peter Otten, Ballmacher aus Goirle.

1665 Goirle
Eine Liste von 24 Ballmachern und einigen Ballnäherinnen.

1669 Goirle/Delft
Vertrag zwischen Gijsbert Janssen Velsen und dem Notar Roelandus van Edenburg und elf Ballmachermeistern in Goirle über den Kauf der Gesamtproduktion in einem Zeitraum von zehn Jahren.
Die Lehre in Goirle dauerte damals zwei Jahre.

Schlägerherstellung

1474 Middelburg
Der Schlägerverkauf, wenn er nicht zu Hause statt-
findet, wird der St.-Nikolas- oder Kaufmanns-Gilde
zugeordnet.

ca. 1520 Leyden
Die Schlägermacherallee (Kolfmakerssteeg) bekommt
ihren Namen. Noch um 1800 kann man an einem der
Häuser in dieser Straße lesen: ,,Ehre sei Gott überall,
hier verkauft man Schläger und Ball''.

1540/44 Leeuwarden
Schlägermacher Evert Dircx, geboren in Jorwerd,
Jan Claeszoon, Schlägermacher aus Cornyum.

1585 Amsterdam
Schlägermacher Claes Dircx.

1634 Amsterdam
Ein Schlägermacher.

1646 Amsterdam
Ein Schlägermacher.

ca. 1650 Haarlem
Ein Schlägermacher wohnte am Zijlweg. An seinem
Haus konnte man lesen:
Hier macht man feine, edle Schläger.
Spielt Colf mit Spaß, nicht mit Gezänk,
Spielt um eine Maß Bier,
aber laßt die Rüben der Bauern in Ruhe.
Und wenn der Winter kalt und hart ist,
spielen wir dennoch mit dem Ball.

1659 Leyden
Im Namen der Schlägermacher bitten Thijs Pietersz
Groenendaal und Aert de Noorlander den Magistrat,
in die Stellmacher-Gilde aufgenommen zu werden
und Schutz zu bekommen gegen die wachsende Kon-
kurrenz aus dem Umland. Der Antrag wird abge-
lehnt.

1660 Leyden
Der Magistrat läßt eine Urkunde zur Gründung einer
Gilde von Schlägermachern und -verkäufern zu.

1665 Amsterdam
Ein Schlägermacher.

Quellen

Verwendete Abkürzungen:
G. A. — Stadtarchiv
R. A. — Staatsarchiv
K. b. — Städtische Verordnungen

G. A. Alkmaar
1 Kb. ca. 1450, fol. 90 vso. Inv. Nr. 20
2 Kb.   1575, fol. 51, Inv. Nr. 28
3 Kb.   1581, fol. 16, Inv. Nr. 28
4 Kb.   1587, fol. 20, Inv. Nr. 20
5 Kb.   1618, fol. 35, Inv. Nr. 28
6 Kb.   1655, fol. 32 vso. Inv. Nr. 29

G. A. Amersfoort
7 Raets Daghelix Boeck, II post Agate Virginis 1436

G. A. Amsterdam
8 Kb. A., fol. 114, Inv. Nr. III, XVIII-8
9 Kb. E., fol. 117

G. A. Antwerpen
10 Gebodboek A, bis, fol. 18vso, 20vso, 50; 1448—1473; Inv. Nr. Pk 913
11 Gebodboek A, fol. 15vso, 25, 31, 52, 57 vso, 179, 213, 220; 1497—1537; Inv. Nr. Pk 914
12 Gebodboek C, fol. 128; 1570; Inv. Nr. Pk 916
13 Gebodboek D, fol. 275vso, 485, 524, 1580—1588; Inv. Nr. Pk 917
14 Gebodboek E, (1). fol. 100vso, 171, 260; 1597—1611; Inv. Nr. Pk 918
15 Gebodboek F, fol. 14, 93, 95vso, 119; 1613—1619; Inv. Nr. Pk 919
16 Gebodboek G, fol. 22, 147 vso, 235, 238; 1627—1643; Inv. Nr. Pk 920
17 Gebodboek H, fol. 24vso, 108; 1645—1651; Inv. Nr. Pk 921
18 Gebodboek I, fol. 12vso, 51vso, 61, 92vso, 123vso, 166vso, 1661—1669; Inv. Nr. Pk 922
19 Gebodboek M, fol. 175vso, 284, 285; 1709—1726; Inv. Nr. Pk 925

G. A. Bergen op Zoom
20 Ordonnantieboek La G, 1461, fol. 17vso; Inv. Nr. 157
21 Ordonnantieboek La F, 1472, fol. 29 & 29vso; Inv. Nr. 158
22 Registers van Procuratien en Certificatien, 1486, fol. 136; Inv. Nr. R. 301
23 Registers van Procuratien en Certificatien, 1502, fol. 130; Inv. Nr. R. 313
24 Registers van Procuratien en Certificatien, 1518, fol. 13vso; Inv. Nr. R. 326—II
25 Registers van Procuratien en Certificatien, 1518, fol. 15; Inv. Nr. R. 326—II
26 Registers van Procuratien en Certificatien, 1524, fol. 100vso; Inv. Nr. R. 393
27 Ordonnantieboek La G, 1540, fol. 330vso; Inv. Nr. 157
28 Poorterboeken 1428—1518

G. A. Brielle
29 Charter van 4—12—1387
30 Voerbodenboeken 1405, Art. 9; Inv. Nr. 8

G. A. Brugge
31 Stadsrekening 1476—77, fol. 131
32 Hallegeboden, 1513—1530; 1524, fol. 395vso
33 Hallegeboden, 1584—1596; 1585, fol. 164
34 Hallegeboden, 1596—1601, fol. 87

G. A. Brussel
35 Ordonnantie van 1360; Inv. Nr. A.V.B., A.A. Cart. II

G. A. Delft
36 Kb. 1400—1420, fol. 87/88vso; Inv. Nr. Hb. 39 A 21
37 Kb. ca. 1450—1500, Inv. Nr. Hb 39 B 3
38 Kb. 1 ca. 1500, fol. 61; Inv. Nr. 1e Afd.
39 Kb. 2   fol. 285 vso, 1e Afd.
40 Kb. 4   fol. 94vso, le Afd.
41 Kb. 6   fol. 302, le Afd.
42 Kb. 7   fol. 315, le Afd.
43 Kb. 10   fol. 201vso/202, le Afd.
44 Gildebrieven; Inv. Nr. le Afd. 1988

Dokkum — cf. R. A. Leeuwarden

G. A. Dordrecht
45 Kb. 1, 1401, Art. 204

G. A. Goes
46 Voorbodenboek I, ca. 1469, fol. 65 & 65vso; Inv. Nr. 675
47 Voorbodenboek II, 1469-1568, fol. 16, 17vso & 18; Inv. Nr. 676

Goirle
48 Documentatie van de Stichting Heemkundige Kring 'De Vyer Heertganghen'

G. A. Gouda
49 Kb. 1, fol. 12vso, 15vso, 19vso, 48vso; Inv. Nr. 289
50 Kb. 2, fol, 37; Inv. Nr. 290
51 Kb. 4, fol. 12; Inv. Nr. 292

G. A. 's-Gravenhage
52 Register van de Placcaten Anno MDL & c, blz. 39/42, 44/45

G. A. Haarlem
53 Charter van 20-2-1389; Inv. Nr. Mr.A.J.E. I-41
54 Handvesten & Privileges, 1751, blz. 152 & 164
55 Kb. Steynaart, fol. 64vso; Inv. Nr. Lok. K.B. No. 38 & 39

G. A. Kampen
56 Digestum Vetus, fol. 58vso; Inv. Nr. 8
57 Digestum Novum, fol. 204vso; Inv. Nr. 242
58 Ontwerp Stadsrecht, blz. 417; Inv. Nr. 19
59 Ontwerp Stadsrecht, blz. 425; Inv. Nr. 19

G. A. Leiden
60 Kb. 1420—1479, fol. 63; Inv. Nr. 343
61 Gerechtsdagboek E, fol. 204; Inv. Nr. 9253
62 Kb. 1658, fol. 232/233; Inv. Nr. 15269
63 Gerechtsdagboek HH, fol. 128ssqq; Inv. Nr. 9280
64 Gerechtsdagboek HH, fol. 128/130; Inv. Nr. 9280

G. A. Leeuwarden
65 Plakkaatboek I, 12-2-1566

R. A. Leeuwarden
66 Archief van het St.-Bonifaciusklooster in Dokkum, Oud Register 28

G. A. Mechelen
67 Magistraats Ordonnanties, 1481, fol. 134vso; Inv. Nr. S III, No. 2A
68 Magistraats Ordonnanties, 1700, fol. 45, Inv. Nr. S V, No. 8
69 Magistraats Ordonnanties, 1705, fol. 87vso; Inv. Nr. S V, No. 8
70 Magistraats Ordonnanties, 1715, fol. 154vso; Inv. Nr. S V, No. 8
71 Magistraats Ordonnanties, 1753, fol. 157vso; Inv. Nr. S V, No. 9 K

G. A. Middelburg
72 Unger, Deel 2, blz. 54; Inv. Nr. 110
73 Unger, Deel 2, blz. 341; Inv. Nr. 240
74 Unger, Deel 1, Inv. Nr. 67
75 Unger, Deel 3, blz. 136/137; Inv. Nr. 281
76 Unger, Deel 1, Inv. Nr. 242
77 Unger, Deel 1, blz. 257/258; Inv. Nr. 242

G. A. Muiden
78 Keur van 1432
79 Kb. beginnende 1619, fol. 10vso; Inv. Nr. 27
80 Kb. Muiderberg, fol. 2vso; Inv. Nr. 2

G. A. Naarden
81 Kb. 19-2-1623, Art. 18; Inv. Nr. C-III-6
82 Kb. 19-2-1623, Art. 26; Inv. Nr. C-III-6
83 Kb. 19-2-1623, Art. 60; Inv. Nr. C-III-6

G. A. Rotterdam
84 Kb. 1420—1470, fol. 126; Inv. Nr. 492

G. A. Schiedam
85 Kb. 1, fol. 11; Inv. Nr. 315 A & B
86 Kb. 1, fol. 48; Inv. Nr. 315 A & B
87 Ordonnantie van ca 1550; (Heeringa blz. 336)
88 Ordonnantie van 18-5-1578; (Heeringa blz. 148)
89 Kb. 3, fol. 14; Inv. Nr. 317
90 Kb. 4, fol. 191; Inv. Nr. 318
91 Kb. 5, fol. 28vso; Inv. Nr. 319
92 Kb. 5, fol. 120; Inv. Nr. 319
93 Kb. 5, fol. 120; Inv. Nr. 319

G. A. Utrecht

94 Buurspraakbock 1401, fol. 307; Inv. Nr. I-16

R. A. Utrecht

95 Archief van de Heerlijkheid Kronenburg

G. A. Veere

96 Kb. 1349—1519, Art. 4 & 61; Inv. Nr. 1083
97 Rood Costuumboek, fol. 137; Inv. Nr. 311
98 Zwart Register, fol. 56vso; Inv. Nr. 312

G. A. Woerden

 99 Kb. 1561—1583, fol. 145; Inv. Nr. k 1—5
100 Kb. 23-10-1609, fol. 142vso ssqq; Inv. Nr. K 1—4

G. A. Zierikzee

101 Kb. 1429, fol. 2vso
102 Kb. 1463, fol. 47
103 Kb. 1485, fol. 91
104 Kb. 1559, fol. 19

Bibliographie

A J. Six von Chandelier, *Poesij;* Amsterdam, 1657
B Joseph Lauthier, *Nouvelles Règles pour le Jeu de Mail;* Paris, 1717
C *Académie Universelle des Jeux;* Paris, 1718
D Hermanus Noordkerk, *Registers van Handvesten van Amsterdam;* Amsterdam, 1748
E F. van Mieris, *Groot Charterboek der Graaven van Holland en Zeeland en Heeren van Vriesland;* Amsterdam, 1755
F 'Concorde nous guide', *Verhandeling over het kolven;* Amsterdam, 1769
G 'Concorde nous guide', *Verhandeling over het kolven;* Amsterdam, 1792
H J. Le Franq van Berkhey M.D., *Naruulijke Historie van Holland;* Amsterdam 1776
I Henry Brown, *De Nederlanden in de 19de eeuw;* Groningen, 1840
J Mr. J. Soutendam, *Keuren en Ordannontien der Stad Delft;* Delft, 1870
K Jan ter Gouw, *De Volksvermaken;* Haarlem 1871
L Robert Clark, *Golf a Royal and Ancient Game;* Londen, 1875
M Mr. A.J. Enschede, *Index op de Keur- en Gebodsregisters van de Stad Haarlem;* Den Haag, 1875
N Mr. J.A. Fruin, *De oudste rechten der Stad Dordrecht;* Den Haag, 1882
O Horace G. Hutchinson & Andrew Lang, *Golf;* London, 1890
P Jan ter Gouw, *Geschiedenis van Amsterdam;* Amsterdam, 1883
Q Mr. J. van Buttingha Wichers, *Schaatsenrijden;* Den Haag, 1888
R H.S.C. Everard, *History of the Royal and Ancient Golf Club;* St. Andrews, 1907
S Dr. Joh. C. Breen, *Rechtsbronnen der Stad Amsterdam;* Den Haag, 1902
T Dr. K. Heeringa, *Rechtsbronnen der Stad Schiedam;* The Hague, 1904
U Harry B. Wood, *Golfing Curios and 'The Like';* London, 1911
V Horace H. Hilton & Garden C. Smith, *The Royal and Ancient Game of Golf;* London, 1912
W A.F.J. van Laer, *Minutes of the Court of Fort*

Orange and Beverwyck 1657—1660; Albany, N.Y., 1923

X Dr. W.S. Unger, *Bronnen tot de Geschiedenis van Middelburg in den Landsheerlijken Tijd;* Den Haag, 1923

Y Jhr. Mr. Dr. E.A. van Beresteyn, *Iconographie van Hugo Grotius;* Den Haag, 1929

Z Bernard Darwin, *A Golfers Gallery by Old Masters;* London

AA Clara J. Welcker, *Hendrick Avercamp en Barent Avercamp 'Schilders tot Campen';* Zwolle, 1933

BB Dr. W.S. Unger, *De Tol van Iersekerord;* Den Haag, 1939

CC J.H. Kruizinga, *Watergraafsmeer 'Amstel's Paradijs';* Amsterdam, 1948

DD Dr. S. van der Linde, *1000 jaar Dorpsleven aan de Vecht 953—1953;* Loenen aan de Vecht, 1954

EE Robert Browning, *A History of Golf;* London, 1955

FF J.B. Salmond, *The Story of the Royal and Ancient;* London, 1956

GG *Dictionnaire de Jeux;* Paris, 1964

HH Prof. Dr. F.W.N. Hugenholtz, *Floris V;* Bussum, 1966

II Dr. A. Wassenbergh, *De Portretkunst in Friesland in de 17e eeuw;* Lochem, 1967

JJ J.J. Schilstra, *Dit Land boven het IJ;* Hoorn, 1968

KK John Stuart Martin, *The curious history of the Golf Ball;* New York, 1968

LL W.A.G. Perks, *Geschiedenis van de Maliebaan;* Utrecht, 1970

MM J.J. Kalma, *Kaatsen in Friesland;* Franeker, 1970

NN Gemeentebestuur van Goirle, *Goirle;* Breda, 1975

OO Dr. Ir. J. MacLean, *De Huwelijksintekeningen van Schotse Militairen in Nederland 1574—1665;* Zutphen, 1976

PP Prof. Dr. F.W.N. Hugenholtz, *Floris V vermoord en getekend;* Nieuwkoop, 1977

QQ Evert van Straaten, *Koud tot op het bot;* Den Haag, 1977

RR Ian T. Henderson & David I. Stirk, *Golf in the Making;* Crawley, 1979

SS Irene de Groot, *Landschappen, Etsen van de nederlandse meesters uit de zeventiende eeuw;* Maarsen 1979

TT Dr. B.K.S. Dijkstra, *Graven en Gravinnen van het Hollandse Huis;* Zutphen, 1979

UU Ian T. Henderson & David I. Stirk, *Royal Blackheath;* Crawley, 1981